Natura

Preencha a **ficha de cadastro** no final deste livro
e receba gratuitamente informações
sobre os lançamentos e as promoções da Elsevier.

Consulte também nosso catálogo
completo, últimos lançamentos
e serviços exclusivos no site
www.elsevier.com.br

BETANIA TANURE
ROBERTO PATRUS

COM DEPOIMENTOS DE *LUIZ SEABRA*

Natura

A realização de um sonho

ELSEVIER

CAMPUS

© 2011, Elsevier Editora Ltda.

Todos os direitos reservados e protegidos pela Lei nº 9.610, de 19/02/1998.

Nenhuma parte deste livro, sem autorização prévia por escrito da editora, poderá ser reproduzida ou transmitida sejam quais forem os meios empregados: eletrônicos, mecânicos, fotográficos, gravação ou quaisquer outros.

Copidesque: Lucy Guello
Revisão: Edna Cavalcanti e Roberta Borges
Editoração Eletrônica: Estúdio Castellani

Elsevier Editora Ltda.
Conhecimento sem Fronteiras
Rua Sete de Setembro, 111 – 16º andar
20050-006 – Centro – Rio de Janeiro – RJ – Brasil

Rua Quintana, 753 – 8º andar
04569-011 – Brooklin – São Paulo – SP – Brasil

Serviço de Atendimento ao Cliente
0800-0265340
sac@elsevier.com.br

ISBN 978-85-352-4871-5

Nota: Muito zelo e técnica foram empregados na edição desta obra. No entanto, podem ocorrer erros de digitação, impressão ou dúvida conceitual. Em qualquer das hipóteses, solicitamos a comunicação ao nosso Serviço de Atendimento ao Cliente, para que possamos esclarecer ou encaminhar a questão. Nem a editora nem o autor assumem qualquer responsabilidade por eventuais danos ou perdas a pessoas ou bens, originados do uso desta publicação.

CIP-Brasil. Catalogação-na-fonte
Sindicato Nacional dos Editores de Livros, RJ

B274n   Barros, Betânia Tanure de
            Natura : a realização de um sonho / Betania Tenure. – Rio de Janeiro : Elsevier, 2011.
            23 cm

            ISBN 978-85-352-4871-5

            1. Natura (Firma). 2. Cosméticos – Indústria – Brasil – História. I. Título.

11-3917.   CDD: 338.7646720981
                                   CDU: 338.45:665.5(81)

Conceito sem ação é vazio,
Ação sem conceito é cega.

KANT

APRESENTAÇÃO

O ano era 1991. Fui convidada para uma reunião com pessoas que não conhecia, proprietários de uma média e desconhecida empresa. Ao chegar, deparei com um ambiente interessante, de pessoas cativantes e exigentes. Eram Guilherme Leal, Luiz Seabra e Pedro Passos, da Natura. A partir daquele momento, por razões que vão muito além das tipicamente profissionais, passamos a conviver, a nos desafiar e a multiplicar. E desenvolvemos uma relação que só os verdadeiros amigos têm.

A convivência com Guilherme, Luiz e Pedro é uma experiência valiosa. Combinam-se características únicas como a inquietação vibrante do Guilherme em sua constante busca de soluções disruptivas para a construção de um mundo melhor; a inteligência aguda do Pedro, hábil em montar o quebra-cabeça com o filosófico, o estratégico e os desafios que a vida impõe; e o jeito inspirador, sábio e gentil do Luiz, sempre recorrendo à filosofia na busca de compreender a vida e dar significado a ela. Sou muito grata aos três por sua enriquecedora presença em minha vida.

Em maio de 2009, apresentei ao Luiz a proposta sobre este livro. Estávamos em Cajamar, sede da Natura, em um projeto da empresa com a Consultoria. Luiz, com a simplicidade e o jeito reflexivo que lhe são próprios, aceitou a ideia, o que me encheu de orgulho. Senti uma alegria enorme, não só por poder realizar esse trabalho com ele, pessoa, profissional e amigo que muito admiro, mas também pela possibilidade de dividir com um universo mais amplo de indivíduos a experiência tão singular de uma empresa de que todos nós, brasileiros, nos orgulhamos. Muito obrigada, Luiz, de coração, pela parceria na construção desta história e da possibilidade de compartilhá-la.

Alguns anos antes do convite, em 2002, estávamos na London Business School, Luiz, Sumantra Ghoshal e eu. Discutíamos o *case* da Natura, que havíamos desenvolvido em conjunto. Ao final da instigadora conversa, Sumantra disse: *"Luiz, você deve compartilhar a sua história com um número maior de pessoas, tem essa dívida com a sociedade."* Sumantra nos deixou em 2004, após um problema súbito de saúde, mas suas palavras ficam aqui registradas. Concordo plenamente com elas. Sempre tive a convicção de que as pessoas cujas histórias mostram ser possível empreender e ter sucesso com ética, sem abrir mão dos valores, devem tornar pública sua experiência. Esse é um dos motivos que me levaram a empreender essa jornada. Outra certeza, e luta, é que se deve estimular o diálogo entre academia e empresa. A teoria ilumina a prática, que é a contraprova da teoria. Uma não existe sem a outra. Tal entrelaçamento é base viva deste livro.

Convidei meu colega Roberto Patrus, professor da PUC-Minas, para fazer parte dessa viagem. Sou muito grata a ele por contribuir, de forma fundamental, com o projeto. Realizamos dezenas de entrevistas na empresa. Como eu já estava inserida na comunidade Natura por muitos anos, o trabalho me deu perspectiva longitudinal e enriqueceu a jornada. Conversamos com conselheiros, com o corpo executivo da empresa, com Consultoras, colaboradores e pessoal dos mais diversos níveis. Agradeço a cada uma dessas pessoas, que com muita abertura e dedicação partilharam sua experiência e sua percepção.

Para análise do material colhido na pesquisa, utilizamos como base as teorias que desenvolvemos ao longo de nossas vidas – com escalas em vários países, como França (Insead), Inglaterra (London Business School e Brunel University) e Espanha (Universidad Complutense de Madrid). No Brasil, esse conhecimento foi construído na FDC, na PUC-Minas, na

Consultoria e nas empresas em que sou membro dos Conselhos de Administração. Combinando todas essas experiências, criamos novas bases, novos referenciais. Meus colegas da Consultoria contribuíram grandemente em todas as etapas. Agradeço a eles de coração por partilhar sua vida, seus sonhos e suas competências para construirmos um mundo melhor, um país melhor, empresas e pessoas melhores. Tudo isso nos permitiu avançar no desenvolvimento desse trabalho, que agora podemos partilhar com você, leitor.

Nossos familiares, que, cada um à sua maneira, participaram dessa construção, também merecem nossa homenagem. Faço aqui um agradecimento aos meus filhos, Luisa e Guilherme, como representantes de todos os nossos filhos, que compreendem a nossa busca, nos inspiram e se juntam a nós na luta por um mundo melhor.

O desafio da nossa jornada não termina neste livro. O conjunto da obra que ora lançamos se compõe de uma trilogia, inspirada no protagonismo de três empresários brasileiros que aprendi a admirar: C. Belini, Fábio Barbosa e Luiz Seabra. Tive o privilégio de conhecê-los de perto, como acadêmica, como consultora e – tenho orgulho de dizer – como amiga.

Os três livros têm como ponto comum a análise dos fatores críticos para o desempenho excepcional sustentável da empresa, entrelaçando-se a estratégia de negócio com a estratégia de gestão e tendo-se sempre em foco a cultura e a liderança, ou seja, o "jeito de ser e de fazer" da organização. *A Virada Estratégica da Fiat no Brasil*, com C. Belini, focaliza o processo de *turnaround*. *Os Dois Lados da Moeda em Fusões e Aquisições*, com Fábio Barbosa, realiza essa análise com base na desafiante jornada de F&A entre ABN AMRO, Banco Real, Sudameris e Santander. Já nestas páginas sobre a Natura o grande desafio foi abordar a trajetória de uma organização brasileira que está entre as empresas mais admiradas do país – este é com o Luiz.

A abordagem é feita pela perspectiva do fundador, Luiz Seabra, a qual integra a perspectiva do *Três*, bem como a do quarteto formado com a entrada de Alessandro Carlucci para a presidência, em 2005. Com João Paulo Ferreira, José Vicente Marino, Marcelo Cardoso e Roberto Pedote, vice-presidentes da organização, chegamos a oito. E com o conjunto de colaboradores e consultores passamos de 1,2 milhão. Todas essas pessoas participam da trajetória da Natura, cuja história mostra que construir uma empresa é mais do que conceber um produto, fabricá-lo e comercializá-lo. É também concretizar um sonho compartilhado.

Concebemos o livro de forma a deixá-lo consistente com o jeito do seu principal protagonista: recorremos à filosofia, à mitologia, aos arquétipos, buscando integrar reflexão, inspiração e ação. O texto permite uma leitura *flex*. Pode ser lido de diversas maneiras e em diferentes velocidades. Se o leitor quer conhecer o pensamento de Luiz, pode ver apenas os depoimentos, que revelam seu pensamento original. Caso se interesse mais pela trajetória da Natura, pode se ater ao texto principal e aos quadros, nos quais mitos gregos fazem uma viagem ao mundo das empresas junto com o leitor. A leitura do texto completo, do início ao fim, proporciona a apreensão dos conceitos de gestão aplicados ao caso Natura e uma visão mais ampla da trajetória e dos valores da empresa.

Os depoimentos de Luiz estão em primeira pessoa e destacados em itálico. Essa escolha nos deu liberdade de discorrer e analisar criticamente a experiência empresarial a partir dos dados e documentos que coletamos, das informações obtidas nas entrevistas pessoais e da nossa experiência acadêmica.

Assim, os conceitos de cultura organizacional, liderança, estratégia, ética nos negócios e sustentabilidade foram analisados de forma aplicada. A abordagem abrangeu ainda o "cheiro do lugar" de uma empresa renovada, aquela que tem um ambiente interno dinâmico e revitalizador. Seus cinco atributos foram objeto da análise: ambição, disciplina, apoio, confiança e resultados empresariais.

O "cheiro" da Natura é, enfim, seu próprio perfume. Seu sonho é fazer de sua cultura organizacional a essência de um aroma que possa ser sentido em cada canto da empresa, em cada um de seus colaboradores, em todos os públicos com os quais ela se relaciona e em todas as Consultoras e Consultores, que levam a Natura a clientes do Brasil e dos países onde ela se faz presente.

A você, leitor, desejo que o conteúdo destas páginas e de toda a coleção seja recebido como um legado, um verdadeiro presente daqueles que lideram a construção de uma nova cultura empresarial no Brasil. Uma cultura baseada na sustentabilidade e com admiráveis resultados no curto e no longo prazos.

Betania Tanure

PREFÁCIO

Aqui se encontra uma história permeada de muitas histórias, vidas e sonhos compartilhados. Percorremos os 41 anos de uma empresa nascida do mundo das ideias, nutrida desde então por emoções e paixões, mas carente de recursos materiais em seu início. Naquele fundo de quintal onde ela começou, tudo parecia dizer que o sonho que embalava essa ideia era um sonho impossível.

Elementos quase míticos foram compondo, ao longo do tempo, o contexto que gradualmente possibilitou à Natura a autodescoberta de sua *razão de ser*, de suas crenças, seus valores fundamentais. Nessa jornada venceu impasses, viveu a sombra e a luz, o amargo e o doce de toda contingência humana. Mas essas experiências tornam-se, como o tempo, as "matérias-primas" com que construímos nossa história, tanto em nível pessoal como empresarial.

Em seu percurso de quatro décadas, a Natura alcançou a concretização plena de seus sonhos. Sua marca, de totalmente desconhecida, tornou-se uma das mais admiradas e de maior valor no Brasil.

Este livro é endereçado aos jovens que têm diante de si toda uma estrada a ser percorrida, com interrogações de toda ordem. Interessa igualmente a tantos que, apesar da longa batalha, continuam se sentindo jovens, mesmo diante das marcas de seu rosto refletidas no espelho, marcas de quem viveu muitas experiências, às vezes amargas, às vezes doces, que formam a paisagem humana em que nos tornamos. A história contada aqui se destina a todas as mentes interessadas em uma visão sistêmica, que considerem a empresa nos aspectos econômico, social e ambiental.

Este livro busca corações abertos, o único lugar onde um mundo melhor, uma vida melhor, pode começar a acontecer. Este é o sonho que compartilhamos agora com você, leitora; com você, leitor.

Luiz Seabra

SUMÁRIO

Apresentação	vii
Prefácio	xiii
1. O perfume da Natura	3
2. Um triunvirato e a simbologia do Três	17
3. Um olhar de Jano para a história	33
4. O Espaço Natura Cajamar e a busca do velocino de ouro	79
5. A ambição e o voo de Dédalo	95
6. A disciplina e o fio de Ariadne	113
7. O apoio e a alavanca de Arquimedes	133
8. Confiança e a fábula dos dois jumentos	149
9. Resultados empresariais e o simbolismo do Tao	159
10. Um olhar de Jano para o futuro	179
Notas	195

Natura

1. O PERFUME DA NATURA

Qual o "cheiro do lugar" de uma empresa como a Natura? A expressão "cheiro do lugar" foi registrada em livro publicado por um de nós em co-autoria com Sumantra Ghoshal.[1] Durante muitos anos de sua vida, Sumantra foi professor do Insead, uma escola de negócios na França. Nessa época morou em Fontainebleau, uma pequena cidade a 60km de distância, ao sul de Paris. Natural de Calcutá, na Índia, Sumantra visitava sua cidade no verão, no mês de julho, época em que seus filhos estavam de férias na escola. Calcutá tem seus predicados, mas, como ocorreria em qualquer cidade, quando a temperatura chegava a 40°, com a umidade do ar na faixa de 95%, Sumantra sentia-se muito desconfortável. Exausto devido ao forte calor e a essa umidade, Sumantra ficava a maior parte do tempo em casa.

Em Fontainebleau, ao contrário, ele se sentia bem melhor, com mais energia e disposição para realizar suas atividades. A localização em meio a uma das mais belas florestas da Europa, a agradável arquitetura e aquele encanto que só algumas cidades despertam, tornam Fontainebleau um ótimo lugar para viver. Na primavera, Sumantra costumava caminhar pela floresta. O bem-estar decorrente da sua harmonia com o ambiente o estimulava a correr, brincar com a natureza e fazer algo mais dinâmico e criativo. Sua fonte de energia era o "cheiro do lugar", formado por essa harmonia, pela beleza da floresta na primavera, pelo ar fresco, pelo cheiro das árvores floridas.

Na Natura, o "cheiro do lugar" é um perfume. Remete à metáfora da floresta de Fontainebleau na primavera. Essa paisagem convida os colaboradores ao trabalho mas também ao convívio. As pessoas que visitam a empresa sentem o "cheiro do lugar", o seu perfume. Os sons do ambiente, o olhar das pessoas, o espaço para o relacionamento, a disponibilidade para se relacionar com cordialidade, o modo de andar e falar, a arquitetura e a decoração do espaço físico, tudo isso indica o perfume da Natura.

Toda empresa tem seu cheiro, sua cultura. Construir uma empresa é mais do que conceber um produto, fabricá-lo e comercializá-lo. É construir sua atmosfera, seu ambiente, o "cheiro do lugar". Cada produto tem seu conceito, sua mensagem. Cada relacionamento, seu clima. Cada operação, seu contexto. Seja na vida pessoal, seja no trabalho, a ação de cada pessoa contribui para o perfume do ambiente.

A atmosfera que cada pessoa ajuda a construir para si mesma, para sua empresa, para sua vida pode lembrar o clima da floresta de Fontainebleau na primavera ou o calor intenso e úmido do verão de Calcutá. Como fazer para transformar o cheiro abafado de um lugar em um perfume agradável e prazeroso? O que há na Natura, considerada uma das empresas mais admiradas do Brasil, que encanta as pessoas? Que perfume é esse que inspira sonhos e bem-estar? Para responder a essas perguntas, é importante lembrar que para sonhar é fundamental entrar em contato com a própria alma, dar a si mesmo a oportunidade de vida interior.

> *Vivemos a realidade de um jeito muito parcial. As coisas externas de nosso cotidiano tomam conta de nossa consciência. Nós nos voltamos pouco para nossa vida interior, isto é, o que pensamos e sentimos está a maior parte do tempo atendendo a apelos de nossas circunstâncias, de nossas atividades no mundo. Perdemos contato com nossa alma. E esse contato é fundamental para encontrarmos sentido para nossa vida. Para recriarmos condições de sonhar e projetar sonhos de uma vida melhor – para nós, para o outro, para o mundo. E estes sonhos, acredito, não devem se limitar a objetivos de ordem material, por*

mais ambiciosos que eles sejam. Paradoxalmente, quando exclusivamente materialistas, eles empobrecem a vida. Sonhos verdadeiramente grandiosos devem promover a arte do novo olhar, da ampliação da consciência. Da redescoberta do colorido da vida, do milagre que ela representa, em toda a sua complexidade.

A história da Natura está associada a três protagonistas, de personalidades diferentes e complementares, sem os quais a Natura de hoje não existiria: Luiz Seabra, Guilherme Leal e Pedro Passos. A formação do triunvirato, relatada no Capítulo 2, valeu-se de uma infinidade de pontes para resolver conflitos, conciliar pontos de vista diferentes e possibilitar uma visão mais ampla da realidade a partir de cada um.

Os três são líderes que exerceram o papel de mediadores entre o sonho e a realidade pela ponte do empreendedorismo. Construíram passagens sobre vales da morte, situações-limite, radicalidades que a Natura soube atravessar com a coragem dos heróis para chegar ao outro lado da margem. "Temperaram" a gestão equilibrando as medidas de racionalização, o lado "azedo" da gestão, com as de revitalização, o lado "doce", agradável, prazeroso. O aprendizado dessa "culinária agridoce" exige a conjugação desses dois elementos, o que se traduz em melhorar os recursos e a produtividade e, ao mesmo tempo, criar e aproveitar novas oportunidades para as pessoas. É a busca da melhoria radical do desempenho por meio do caminho "agridoce".[2]

O perfume da Natura foi construído com muito trabalho e muito risco. Na empresa é comum falar na "magia", mas essa palavra esconde o empreendedorismo e o trabalho de um sem-número de pessoas que contribuíram para o crescimento da empresa, construindo pontes da margem do sonho para a outra margem, a da realidade. A história da Natura, detalhada no Capítulo 3, não foi feita sem espinhos. Decisões difíceis em momentos de radicalidade marcam essa história ainda hoje. Mas foram feitas pontes sobre situações de conflito, que permitiram ultrapassá-las.

O SÍMBOLO DA PONTE

A ponte representa aquilo que permite a passagem de uma margem à outra, como nos versos de Octavio Paz:

Tudo é porta
tudo é ponte.
Agora caminhamos na outra margem...

Como simbologia, é a passagem da terra ao céu, do estado humano aos estados supra-humanos, da contingência à imortalidade, do sonho à realização. Não raramente, essa passagem assume a dimensão de uma prova, um desafio. A ponte representa, também, o caráter perigoso da passagem: há o risco da queda, o medo da travessia, a dificuldade de uma viagem iniciatória para chegar ao outro lado. Em um de seus livros, Fernando Sabino nos convida a fazer do sonho uma ponte,[3] ou seja, transformar nossos desejos em realidade.

Como metáfora da transição entre dois estados interiores, entre desejos contraditórios, a ponte pode indicar o resultado final de uma situação de conflito. A ponte coloca o ser humano sobre uma via estreita, onde ele se vê obrigado a escolher. E sua escolha o salva ou o leva a se perder.[4]

Fazer-se ponte é ajudar na travessia. O mediador, o pontífice, é aquele que permite a passagem da sombra à luz, da ignorância ao conhecimento, da dúvida ao esclarecimento. "Quem é chefe, seja ponte" é um aforismo galês. Não é por acaso que o papa da Igreja católica é chamado de Sumo Pontífice, ou seja, construtor de pontes por excelência. Buda é considerado "a grande ponte, aquele que permite atravessar a encruzilhada".[5] Quem faz o papel de ponte realiza e promove a ascese, sempre em busca de um patamar mais elevado. É esse o papel do líder, ajudar na travessia, mediar, fazer-se meio entre duas margens.

Neste livro, recorremos a personagens da mitologia, mitos e arquétipos para ilustrar situações do dia a dia empresarial. Os mitos e a literatura foram criados para isso: recordar e tornar presentes as emoções e experiências universais que todos nós vivemos e compartilhamos. O detalhamento dos símbolos e mitos é colocado em boxes, de modo a oferecer ao leitor a opção de conhecer um pouco sobre cada tema. Como cada boxe é destacado do texto, o leitor pode preferir saltar a leitura do boxe sem prejuízo da compreensão da continuidade do texto.

A construção do Espaço Natura Cajamar, evento que mereceu um capítulo à parte (o quarto), é associada, por exemplo, ao mito dos argonautas, uma equipe de navegantes que organizou uma expedição para realizar uma missão quase impossível. Esse mito representa a própria materialização dos valores e crenças da empresa, que, em equipe, organizou a sua expedição e venceu os difíceis desafios da jornada.

No estilo do livro, buscamos fazer uma ponte entre o saber acadêmico e a experiência empresarial, ponte ainda tão rara no mundo atual. A ponte entre o conhecimento acadêmico da administração e a história da Natura permite o diálogo entre a academia e a empresa, e a necessária aplicação de conceitos na experiência da organização. Cultura organizacional, liderança, estratégia, ética nos negócios e sustentabilidade são conceitos discutidos utilizando-se pontes com a experiência do fundador da Natura e com a história da empresa. Indivíduo e contexto são os dois elementos fundamentais para a obtenção de resultados empresariais superiores. Por meio de uma abordagem aplicada, analisamos momentos em que a liderança da Natura fez a diferença na obtenção desse nível de resultados. E vamos construindo, passo a passo, conceito a conceito, o perfume da Natura, ou seja, as características de um contexto organizacional próprio de uma empresa de desempenho superior que, com coragem, enfrenta as dificuldades, as ambiguidades e os desafios de seu negócio.

O "cheiro do lugar" de uma empresa renovada, que tem um ambiente interno dinâmico, revitalizador, é formado pelos cinco atributos que temos desenvolvido ao longo deste livro: a ambição, a disciplina, o apoio, a confiança e os resultados empresariais (Figura 1.1).

A *ambição*, tema do Capítulo 5, tem o seu "lado sol" e o seu "lado sombra". O primeiro é representado por Dédalo, aquele que voa com sabedoria porque conhece os limites das suas asas e as ameaças do ambiente. Almeja o céu, mas sabe que não pode voar mais alto do que a realidade lhe permite. O "lado sombra" da ambição é representado por Ícaro, filho

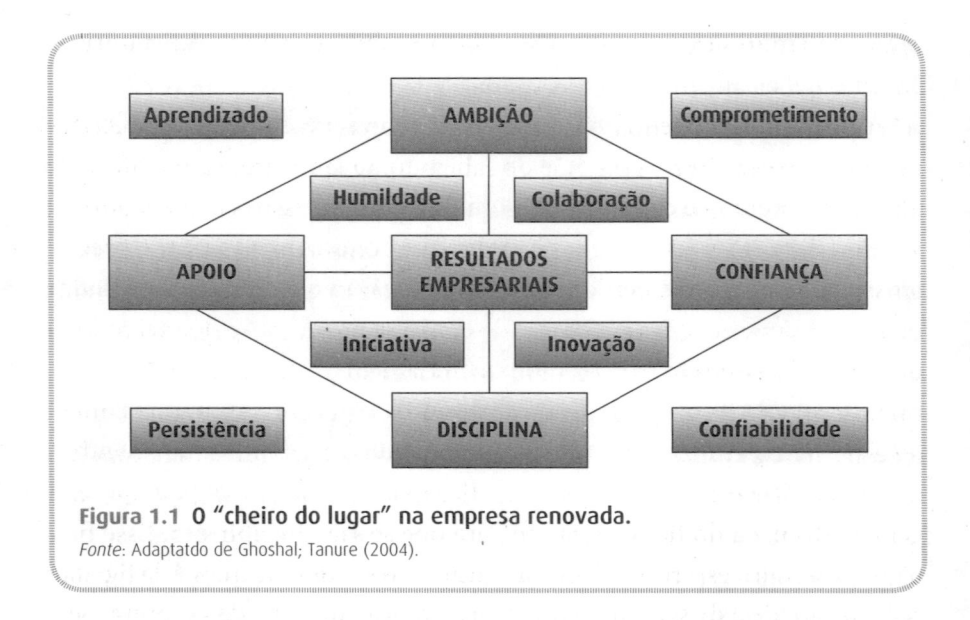

Figura 1.1 O "cheiro do lugar" na empresa renovada.
Fonte: Adaptatdo de Ghoshal; Tanure (2004).

de Dédalo, aquele que se deslumbra com o poder do voo humano e se esquece da recomendação paterna de equilíbrio: nem tanto ao céu, nem tanto ao mar.

A antítese da ambição é a limitação. No calor de Calcutá, impera a limitação no lugar da ambição. Em vez do sonho, há o pessimismo. Em vez do desempenho superior, eficaz e eficiente, a empresa se contenta com o subdesempenho satisfatório – uma doença corporativa fácil de contrair, especialmente pelas empresas tradicionais. Sua dinâmica se inicia com o desenvolvimento de uma estratégia bem-sucedida. Por obra do acaso, da sorte ou do planejamento, uma estratégia de negócios atende às demandas do mercado e é recompensada com crescimento, lucro admirável e reconhecimento. O sucesso gera, no relacionamento com o mercado e a concorrência, alguma arrogância. Internamente, ele produz a preocupação com o controle. A criação de vários níveis (*staffs*) para lidar com o crescimento e com a necessidade de controle alimenta o círculo de reforço positivo da liderança. A arrogância para com o público externo e o foco no controle interno logo abafam toda iniciativa nos níveis operacionais da empresa. A obediência e o temor substituem o entusiasmo e a paixão. Aos poucos a empresa vai declinando rumo ao subdesempenho satisfatório e, finalmente, entra em uma crise aguda.[6]

A *disciplina*, conceito do Capítulo 6, é representada pelo fio de Ariadne, o qual permitiu a Teseu sair do labirinto. O labirinto é a metáfora do entrecruzamento de caminhos, dos quais algumas pessoas não encontram a saída. Para saber escolher o caminho que conduzirá ao êxito, é preciso ter disciplina e não se perder. Símbolo de ligação que é, o fio de Ariadne mantém a conexão com as crenças da empresa no labirinto do mercado. A disciplina é a conexão com os valores fundamentais da empresa. Na Natura, existem *gaps* entre o ideado e o realizado. O sonho está, invariavelmente, à frente da realização. Todo projeto é anterior ao ato. Mas quando a distância entre o sonho e a realização fica maior, ocorrem os *gaps*, que exigem a retomada do fio de Ariadne para que se saia do labirinto. Esse fio é o que sustenta a espiritualidade da Natura, no sentido de mantê-la ligada e religada ao ideal de seu fundador, representação da alma da empresa. Sem a disciplina, não há ponte entre o sonho e a realização. Perde-se a alma.

A antítese da disciplina nas empresas tradicionais, cujo "cheiro" é o de Calcutá no verão de 40°, é a obediência. Disciplina é fidelidade a valores internos. Obediência é fidelidade a preceitos externos. Disciplina é atributo de pessoas autônomas que elegem valores que fazem sentido para elas. Obediência implica condicionamento e eleição de uma outra pessoa ou instituição a quem prestar contas.

A ambição sem disciplina é a "ambição Ícaro". Seu destino fatal é a queda, ainda que a curto prazo promova a ilusão de um voo perto do Sol. A disciplina sem ambição, por sua vez, isola a empresa da sua atuação no mundo, fixando-a em seus próprios valores, transformando-os em dogmas e cristalizando as condutas. A liga entre ambição e disciplina é a iniciativa, base de um espírito empreendedor. O lado *yang* da ambição conciliado com o lado *yin* da disciplina promove a atuação construtiva, resultado da dimensão interior da disciplina com a dimensão exterior da ambição.[7] Na Natura, um exemplo de iniciativa como resultado da tensão entre ambição e disciplina foi a sugestão de uma colaboradora de que a empresa usasse embalagens em braile. A colaboradora, da área de suprimentos, sabia que as bulas dos produtos Natura vinham sendo produzidas na gráfica de uma entidade de apoio a deficientes visuais, a Laramara. Os serviços prestados pela gráfica são uma das fontes de receita dessa associação. A internalização do valor da responsabilidade social (disciplina) e o sonho de criar um mundo melhor (ambição) geraram a iniciativa da colaboradora.

O *apoio* é representado pelo uso da alavanca, tema do Capítulo 7. Estrategicamente colocada sobre um apoio, ela tem o poder de mover o mundo. Mas a alavanca é um intermediário passivo, que depende da vontade de quem a utiliza e da eficiência do apoio. Com apoio, o movimento é facilitado, o gasto de energia é menor. O que parece pesado pode ser movido. O que é dificuldade pode deixar de sê-lo.

A antítese do apoio nas empresas tradicionais é o controle. Enquanto o apoio existe para gerar movimento, o controle existe para barrá-lo. O apoio incentiva a iniciativa, ao passo que o controle busca evitar o erro e comportamentos não desejáveis. O apoio é a mão do pai a ajudar o filho a equilibrar-se na bicicleta. O controle é a mão no guidão, a impedir que o aprendiz conduza a direção de suas pedaladas pela vida. Apoio e controle se alternam no esforço da Natura em desenvolver suas lideranças. Embora a empresa tenha se preparado para ser eterna, por meio da abertura de capital, o desenvolvimento de lideranças tem sido um dos seus desafios e objeto de grande investimento nos últimos anos.

A *confiança*, conceito do Capítulo 8, pode ser pensada no âmbito interpessoal e no âmbito sistêmico. Em ambos os casos, ela é sempre relacional. No âmbito sistêmico, é mais apropriada para tratar da cultura organizacional. Envolve o sentimento de pertencimento a uma mesma organização. A presença de regras de reciprocidade e de reputações pessoais ilibadas contribui para criar uma atmosfera de confiança, que é construída historicamente. No Capítulo 8, recorremos à fábula dos dois jumentos para demonstrar a vantagem de uma atmosfera de confiança em um relacionamento em que todas as partes ganham.

A antítese da confiança é o contrato, a celebração da desconfiança, nas palavras de Thomas Hobbes.[8] Embora seja um procedimento necessário para enquadrar os compromissos e clarificar os direitos e deveres entre as partes, se utilizado de forma abusiva o contrato corrói sua própria instituição. É o espírito de comunidade, atributo de pessoas maduras, que faz com que a confiança seja construída e alimentada diuturnamente.

A Natura é uma empresa que cresceu muito mais rápido do que o mostrado em todas as suas projeções. Havia, por isso, um descompasso entre o seu acelerado crescimento e a adaptação de novas estruturas de relacionamento. Procedimentos de empresas tipicamente familiares, feitos na base da confiança e no conhecimento mútuo entre as partes, ainda eram realizados mesmo quando o porte das negociações já havia se tornado muito maior.

Os *resultados empresariais*, quinto atributo do "cheiro do lugar" da empresa renovada, são a expressão ampliada do bom desempenho. O Capítulo 9 trata desse tema. Eles têm como antítese os resultados econômico-financeiros quando são o único foco. Não são somente as metas de resultados econômicos que norteiam a estratégia da Natura e que a empresa se preocupa em divulgar para seus acionistas e *stakeholders*, mas também as sociais e ambientais, o famoso *triple bottom line*. O Relatório Anual obedece, desde 2001, às diretrizes da Global Reporting Iniciative (GRI). Essa tríplice finalidade extrapola a finalidade econômico-financeira e traduz o que Luiz Seabra chama, desde a fundação da Natura, de filosofia. Com a venda de produtos que promovam o *bem estar bem*, a Natura contribui, implicitamente, para a expressão de uma linguagem que permita a construção de um mundo melhor. É esse o sentido da ética empresarial. A busca de conformidade de processos e resultados com os valores representa o ideal ético de buscar o bom, o belo, o verdadeiro e o saudável.

O "cheiro" da Natura é, enfim, o seu próprio perfume. Sua fábrica é construída no meio de uma floresta, que lembra a de Fontainebleau. O sonho da Natura é fazer de sua cultura organizacional a essência de um perfume que possa ser sentido em cada canto da empresa, por seus colaboradores, por todos os públicos com os quais ela se relaciona e por todas as Consultoras e Consultores,[9] que são mais de 1,2 milhão e levam a Natura a clientes do Brasil e dos países onde ela se faz presente.

Para ilustrar a ponte entre a experiência da Natura e a reflexão sistematizada sobre essa experiência, valemo-nos da preciosa contribuição do fundador da empresa, Luiz Seabra. Conhecido por seu dom de relacionar poesia, literatura, filosofia e mitologia com o cotidiano da empresa e da vida, Luiz é um construtor de pontes. Na vida e no livro. Entre versos e citações de filósofos, seu pensamento permite ler, interpretar e analisar o contexto empresarial em uma perspectiva revitalizadora. Atualmente, muitos empresários têm se reunido com filósofos para pensar a sua experiência cotidiana à luz de pensadores clássicos, poetas e escritores.

A filosofia nos ajuda a viver, amplia nossa consciência e com isso aumenta nossa capacidade de inovação – desde a forma como olhamos para cada novo dia até o jeito como vivemos nossos negócios. A afirmação pode surpreender, mas a filosofia é ótima para os negócios. Acredito que os empresários deveriam conhecer um pouco mais sobre o pensamento clássico, buscar alguma formação filosófica. A filosofia pode trazer novos significados e novas compreensões ao fenômeno existencial. Ela pode nos fazer descobrir vocações das empresas que superam o óbvio doing business as usual. Posso mencionar como exemplo um fato que atribuo à influência do pensamento de Plotino: a forma como expressamos a razão de ser e os fundamentos das crenças e valores da Natura.

Luiz faz esse diálogo entre filosofia e empresa desde que iniciou a sua trajetória profissional, antes mesmo de fundar a Natura.

Talvez haja o momento certo para a filosofia entrar em nossas vidas...
Vivi em minha adolescência um momento inesquecível, em que ficou claro para mim que há coisas que, mesmo que não compreendamos racionalmente, nos emocionam em seu significado oculto (inteligência do coração). Eu lia um texto de Plotino em que subitamente uma frase me cortou a respiração: "O uno está no todo, o todo está no uno."

Interrompi a leitura e fiquei procurando entender o que eu sentia. Era uma forma de reconhecimento, um alívio, uma alegria serena mas profunda. O texto era um tanto enigmático, mas nitidamente parecia revelar algo que me transformava. Ao longo do tempo, com meu amadurecimento, fui constatando o quanto a vida é um fenômeno relacional, mas a força plena dos "ecos" da frase de Plotino em mim eu percebi após ter escrito a razão de ser da Natura, tantos anos mais tarde. A síntese do bem estar *e do* estar bem, *mais do que um jogo de palavras, estabelece uma qualidade de estado relacional do indivíduo consigo mesmo, que pode influenciar positivamente a relação desse mesmo indivíduo com o outro, com o mundo.*

Na alternância de luz e sombra em que se dá a existência humana, essa razão de ser propõe uma dinâmica mais luminosa, mais ensolarada, mais calorosa, de mútuas relações.

A propósito da trajetória de Luiz, vale lembrar um episódio ocorrido alguns anos atrás. O citado livro que um de nós (Betania) escreveu em parceria com Sumantra Ghoshal (considerado "o guru europeu" pela revista inglesa *The Economist*) foi finalizado 10 dias antes de Sumantra partir desta vida. Ainda na fase de pesquisa e construção desse que foi o seu último livro, Sumantra e dois de nós (Betania e Luiz) estavam num pequeno restaurante londrino, após uma aula conjunta na London Business School. Era 30 de maio de 2002. Sumantra disse a Luiz: *"Você tem uma dívida social que somente pode ser cumprida com o compartilhar das experiências e visões acumuladas em sua vida profissional."* Luiz tinha. Não tem mais.

As pontes que Luiz Seabra tem feito desde a fundação da Natura sobre a história da empresa, os conceitos presentes nas linhas de produtos, a sua relação com os colaboradores e as Consultoras constituem um patrimônio que ele oferece publicamente de forma genuína, de coração. O legado de Luiz, aqui registrado, convida o leitor a ver as pedras no caminho como o início da ponte que nos permite superar as dificuldades e caminhar na outra margem, como expressa uma de suas poesias, escrita em 9 de setembro de 2009:

No meio do caminho tinha uma pedra.
　　　　Carlos Drummond de Andrade

Todo és puente.
　　　Octavio Paz

Limiar
(de Luiz Seabra)

Aquela pedra, de que falava Carlos,
talvez fosse apenas o começo,
infinitesimal, daquelas pontes
que nos revelava Octavio.

ou

Aquela pedra no caminho de Carlos
talvez seja apenas o começo, ínfimo,
mas fundamental, daquelas pontes
da visão de Octavio.

ou

Octavio, em uma aurora, feito um vidente,
descobriu que tudo são pontes.
Carlos, em meio ao caminho, talvez porque anoitecesse,
pensou que aquilo que via era apenas uma pedra.

ou

Tudo são pontes, revelou Octavio,
iluminando nossas vidas com novas luzes.
Carlos, com a dor antiga que a nós todos iguala, pensou ver uma pedra
no lugar em que começava a ponte que pode nos libertar.

2. UM TRIUNVIRATO E A SIMBOLOGIA DO TRÊS

Para a sabedoria oriental, o Um gera o Dois, o Dois gera o Três e o Três gera todas as coisas.[10] A história da Natura obedece a esse aforismo de Lao-Tzu, filósofo da China antiga. Tudo começou com Luiz Seabra, em 1969. Guilherme Leal participa da história a partir de 1979. Guilherme traz Pedro Passos em 1983. Estava formado o triunvirato que fez da Natura a maior empresa de cosméticos, fragrâncias e higiene pessoal da América Latina e uma das mais respeitadas e admiradas do mundo.

O Três é um número fundamental universalmente. Em todas as coisas, há uma triunidade: a criação implica necessariamente três elementos: um criador, o ato de criar, a criatura. Bom pensamento, boa palavra, boa ação, diz a sabedoria do Irã. O bom pensamento corresponde ao pensamento puro ou ao espírito – é de ordem intelectual. A boa palavra corresponde ao exercício da vontade, que leva em conta o sentimento – é de ordem moral. A boa ação é de ordem dinâmica – relaciona-se com a ação realizadora e, por isso, com o corpo; engloba o princípio que dirige o progresso, a ordem correta da execução, as energias realizadoras do plano.

O Três instaura a possibilidade de ruptura da dualidade. O terceiro elemento perturba o equilíbrio de uma díade estabelecida, promovendo manobras separatistas para se fazer par de um dos dois. Quando ele obtém sucesso, um terceiro é excluído. O conflito é, pois, intrínseco à natureza da trindade. Para que haja equilíbrio e superação do conflito, os três elementos devem ter superado o medo da exclusão, o que só é possível quando cada um se sente partícipe em um conjunto ao qual ele pertence. Equilíbrio e conflito são inerentes ao Três. Um triângulo pode representar a elevação de espírito quando um dos vértices aponta para cima, mas pode representar o apego ao imanente e a dificuldade de integração quando um dos vértices é voltado para baixo.

Luiz é o *Um*. Fundador da Natura, foi o primeiro Consultor da empresa. É economista por formação e fabricante de cosméticos por vocação.

> *Aos 12 anos tive uma experiência que me permitiu descobrir o que passei a chamar mais tarde de "inteligência do coração", uma intuição quase premonitória. Eu conversava com minha irmã Isabel, que na época tinha 21 anos (ela era contadora de uma empresa que pertencia a uma família tcheca). Isabel contava que gostaria um dia de ter em sua casa um ambiente para atender clientes para fazer limpeza de pele. No momento em que ela explicava como faria as compressas sobre os olhos das clientes, tive um "pensamento" que saiu de minhas entranhas: "Eu farei os produtos que as clientes vão usar." Foi como um sonho, uma visão. Passados muitos anos, me vi fazendo o que o coração antecipara.*

Muitos dos conceitos implícitos das linhas de produtos da Natura e dos valores que sublinham a cultura da empresa vieram dos valores pessoais de Luiz Seabra, seu contato com a filosofia e suas emoções. Influenciado pela visão junguiana e pela filosofia budista, Luiz é uma pessoa mística e de fala macia. Ele construiu no terreno de sua casa dois templos (um budista e um xintoísta) e uma capela em homenagem a São Francisco de Assis, o santo que disse: *"Pelo seu corpo o homem está radicalmente em comunhão com a natureza."*

> *Como empreendedor, sempre tive muito cuidado para não influenciar a cultura da empresa com algo estritamente ligado à minha subjetividade, ao meu interesse pessoal, que pudesse soar como "místico"*

ou algo assim. Levei muito tempo para divulgar o caso que relato a seguir. Logo após a inauguração da Natura vivemos um impasse que punha em risco todo o futuro da empresa. Parecia uma situação sem saída. Resolvi consultar um homem muito conhecido por políticos e pela elite brasileira àquela época e que tinha se tornado um grande amigo através de sua esposa, dona Ondina, que eu conheci durante o período em que trabalhava na Remington Rand. Sana Khan era o nome pelo qual era mais conhecido e, explicou-me ele, queria dizer "aquele que lê as mãos". Seu nome cristão era Onig Chacarian, um armênio com um extraordinário dom de vidência, além de ser um grande filósofo. Contei a ele o enorme problema que tínhamos e nossa escassez de recursos para enfrentar aqueles tempos difíceis. Sana Khan olhou as linhas de minhas mãos, olhou para minha testa, meus olhos e falou: "Vejo um trator que vai andar muito lentamente no início mas que vai gerar uma força que nada conseguirá deter. Alimentará legiões, tanto material quanto espiritualmente. Semear é seu destino." Saí de lá com uma energia, um entusiasmo que até hoje me alimentam. A visão ainda me arrepia, me comove e me inspira.

A força de profecias como a de Sana Khan talvez esteja na origem do cuidado de Luiz com as palavras. Sua fala inspiradora e comovente era e ainda é, usualmente, o evento mais esperado nas periódicas cerimônias de premiação das Consultoras.

As palavras me fascinam, me preocupam, me encantam. Acho que elas devem ser verdadeiras e expressar exatamente o que se quer transmitir, o que temos no coração. As palavras têm poder. Podem curar, podem envenenar. Podem mobilizar ou promover o vazio, se forem banais, sem maior significado.

O seu papel mobilizador não se limita ao palco. É na interação, é no cotidiano, é no aniversário de cada pessoa que desfruta da sua convivência que ele, gentil e calorosamente, está sempre presente.

> *Eu faço isso em reverência à vida daqueles que contribuem com a construção da Natura. Nem todo mundo valoriza os aniversários dessa forma. Desde sempre eu uso a ocasião para compartilhar a convicção de que a vida deve ser celebrada. Porque ela é sagrada. Por outro lado, lá atrás, no início da empresa, imaginei que com seu crescimento não me seria possível ter um contato direto com nossos gerentes. Cumprimentá-los no dia que os trouxe ao mundo é uma forma de proximidade que me dá grande alegria, mesmo me impondo grande disciplina e organização pessoal, já que o faço mesmo estando no exterior, ainda que existam grandes diferenças de fuso horário.*

Luiz era relativamente o mais distante das operações do dia a dia da Natura, porém proporcionava as introspecções profundas sobre as necessidades dos consumidores e servia de fonte de inspiração durante as reuniões de inovação.

> *Certa vez, há 20 anos aproximadamente, sonhei que Lucia, minha mulher, me entregava um livro de presente. Ao abri-lo reconheci o retrato na capa. "Ah! É Montaigne!", eu disse. Nesse momento, o livro transformou-se em um CD, o que me pareceu natural no sonho. Procurei no verso pelos títulos das "canções" e uma das faixas tinha uma frase que emitia luzes intermitentes mandando um "recado" para mim: "Meus sonhos guiarão os teus passos." Acordei com um sentimento maravilhoso de plenitude. Era um domingo e eu tinha um artigo para escrever para uma revista, tendo como tema a nossa visão sobre a beleza. Mesmo sabendo exatamente o que iria escrever, ocorreu-me procurar algum livro onde pudesse pesquisar algo sobre Montaigne, sabendo de antemão que teria pouca chance, já que estava em minha casa na montanha, onde minha coleção é pequena. Para minha surpresa, encontrei um livro que tinha pertencido ao meu pai, escrito por André Gide,* O pensamento vivo de Montaigne. *Abri a esmo o livro, o que me levou exatamente à pagina com o capítulo "Da beleza", refletindo visão muito semelhante à que temos... Em*

novembro de 2010, aproveitei uma rápida ida a negócios à França para visitar a torre[11] onde Michel de Montaigne escrevia e onde tinha seu "refúgio"... Embora o castelo de Montaigne, situado na região do Périgord, perto de Saint-Emilion, tenha sido destruído pelo fogo em 1885, a torre foi poupada e pode ser visitada. Ela é composta por uma capela, no térreo, dedicada a São Miguel, um quarto, no primeiro andar, onde ele deu seu último suspiro, em 1592, e uma biblioteca, no topo, onde ele inscreveu para sempre seu pensamento humanista, através de 57 frases gregas e latinas escritas sobre as madeiras que sustentam o teto. Ali ele escreveu Ensaios, *entre 1571 e 1592...*

Chegando à recepção para comprar o ticket *da visita, notei alguns livros à venda e, entre eles, para meu grande espanto e emoção, o* Dictionnaire de Michel de Montaigne, *com o retrato de Montaigne sobre a capa azul, correspondendo exatamente ao livro que "ganhei" em meu sonho... Comprei-o, evidentemente, e ao final do dia, chegando ao meu apartamento, abri a esmo o livro: "Nossos sonhos valem mais do que nossos discursos..." Montaigne revaloriza a imaginação na exploração da "estreita costura" do espírito e do corpo, da inteligência e dos sentidos... (menções de Montaigne e do autor do dicionário, Philippe Desan.) Se o sonho e seu significado já representavam um mistério para mim, a partir deste fato o mistério cresceu... Aprofundou-se a ideia de que podemos, de alguma forma, estar ligados espiritualmente, por afinidades de nossa alma, à sabedoria do mundo, à* anima mundi *e àqueles que a constituíram. Montaigne foi o grande filósofo da autoestima.*

E os fundamentos da autoestima, os meios pelos quais ela possa ser revigorada ou restabelecida, me parece, ainda estão muito distantes da "indústria da beleza" de nossa sociedade. Quem sabe ela esteja por demais voltada para a "indústria" e afastada da "beleza"? Quem sabe a indústria não tenha ainda aprendido que a vocação para a beleza reside na alma?

Luiz prefere os relacionamentos humanos ao trabalho com os números e com as leis. Cálculos do retorno sobre o investimento ou o necessário estudo de normas jurídicas, apesar de fazerem parte da sua vida empresarial, não lhe suscitam prazer.

> *Embora tenhamos interesses comuns, certos temas não me atraem muito. Essa é uma das faces da beleza de nossa sociedade. Somos altamente complementares, Pedro, Guilherme e eu. Essa complementaridade, me parece, soa para muitos como obra do acaso, da sorte, mas não é. Exige dedicação e também desprendimento, ou seja, abertura para a influência do outro sobre cada um, e administração do próprio ego.*

Guilherme Leal é o *Dois*. Era concunhado do sócio de Luiz na Natura, Jean-Pierre Berjeaut. A participação inicial de Guilherme se deu como sócio de Jean-Pierre na Meridiana, empresa criada em 1979 para atender aos estados do Sul e ampliar a distribuição nacional, na ocasião praticamente restrita a São Paulo e Rio de Janeiro. Guilherme Leal, formado em administração, havia acabado de perder seu emprego na Fepasa, uma empresa ferroviária pública de São Paulo. Um novo governo tomara posse e ele foi exonerado para dar lugar aos apadrinhados políticos do novo governador. Antes de entrar para uma das empresas que viriam a formar o Sistema Natura, ele tinha apenas o Fundo de Garantia por Tempo de Serviço e dois filhos para criar, um com 1 ano e o outro com 2 anos.

Na Natura, Guilherme foi responsável pela decisão de trazer uma nova equipe gerencial e pela elaboração do sistema de compensação variável da empresa. Era aquele que usualmente trazia novas ideias para a gestão, desafiando o grupo a assumir riscos e evitar apenas *fazer* as coisas. Acreditava que a criação de relacionamentos de trabalho positivos e respeitosos dentro da empresa e com a comunidade era essencial para o sucesso sustentado. Guilherme era a força propulsora dos louvados empreendimentos sociais da Natura. Foi dele a ideia de destinar uma porcentagem fixa dos dividendos da empresa para programas sociais.

> *Uma das qualidades indiscutíveis do Guilherme é a visão estratégica. A gestão do futuro, a construção da marca e a ampliação de sua*

expressão. A despeito de toda diferença que a gente tem, de personalidades e de forma de atuar, há certa similitude em nosso modo de ver o mundo. No entanto, naturalmente fomos nos dedicando às áreas ligadas às nossas vocações. O Guilherme era mais voltado para a configuração da empresa na sociedade, para o papel da Natura no relacionamento com seus diferentes públicos externos. A microgestão e mesmo a logística ou o cotidiano operacional o interessavam menos do que a visão de futuro, as oportunidades de longo prazo. No decorrer do tempo, eu me mantive mais centrado nos dois polos de nosso negócio: de um lado, na inovação, na criação de conceitos e produtos, o que sempre me permitiu sentir-me "em contato" intuitivo com as clientes finais, suas aspirações e com novas formas de promover o bem estar bem em suas vidas, e de outro lado no contato com nossa força de vendas, nossas gerentes e Consultoras Natura, em sua formação e motivação. A proximidade com esse segundo polo me traz, desde sempre, grande alegria por sentir que podemos gerar não apenas oportunidades de renda, de prosperidade, como também mobilizar forças emocionais (ainda aqui a "inteligência do coração") para promover nas pessoas transformações profundas em sua forma de olhar e compreender a vida.

Guilherme Leal era quem fazia as pontes da empresa com a sociedade e seus movimentos políticos. Foi um dos fundadores do Instituto Ethos, uma associação de empresas que difundiu o conceito e as práticas de responsabilidade corporativa entre os empresários. Fez a ponte da Natura com a Fundação Dom Cabral quando percebeu a necessidade de desenvolvimento dos executivos da empresa. Participou da fundação da Abrinq e de dezenas de movimentos com os quais a Natura estabeleceu diálogo e participação, como Instituto Akatu, Fundo Brasileiro para a Biodiversidade (Funbio), Grupo de Institutos Fundações e Empresas (Gife), Associação Brasileira das Companhias Abertas (Abrasca), Associação Brasileira da Indústria de Higiene Pessoal, Perfumaria e Cosméticos (Abihpec), Associação Brasileira de Comunicação Empresarial (Aberje).

Após a experiência de enfrentar um infarto aos 37 anos, Guilherme Leal buscava ter um olhar além do óbvio. Sua capacidade de aprendizagem, que lhe possibilitou antecipar o futuro antes da maioria das pessoas, fez da Natura uma empresa de vanguarda em assuntos como o aquecimento global e a biodiversidade. Era ele quem fazia a ponte entre a preocupação com a sustentabilidade e a geração de oportunidades de negócio e processos inovadores. Sua visão de mundo está na raiz das crenças da Natura. Considera que não existe sozinho, nada existe sozinho, tudo é interdependente: *"O rio que passa na sua aldeia não nasce e não deságua só na sua aldeia. Ele traz tudo de onde já passou e leva todo o tratamento que recebeu na sua terra."* Guilherme abraçou a convicção de Luiz, originada da filosofia de Plotino, sobre a interdependência.

Um pensador atento à construção do futuro da empresa, do país e do planeta, Guilherme é vocacionado para o pensamento estratégico. Não lhe apetece a gestão do operacional da empresa, a gestão do dia a dia. De personalidade marcante, é reconhecido pela expressão convicta dos seus ideais e valores, pela inteligência e pelo seu jeito impetuoso, apaixonado, visceral.

Pedro Passos é o *Três*. No início da década de 1980, com a Natura em contínuo crescimento, entraram novos parceiros e novas empresas foram fundadas, como veremos com mais detalhes no capítulo a seguir. Pedro foi trazido em 1983 por Guilherme Leal para chefiar a área industrial da fábrica YGA, criada para fazer produtos de maquiagem e, posteriormente, perfumaria. Eles haviam trabalhado juntos na empresa ferroviária e continuavam jogando futebol no mesmo time, toda semana. Quando interrogado sobre o que via em Pedro, engenheiro de produção formado na Escola Politécnica da Universidade de São Paulo, Guilherme respondeu que, *"além de ótimo beque central, era um indivíduo com caráter e com poderoso ímpeto interno".*

Pedro sempre foi tido como pragmático e eficiente. Ele determinava os procedimentos para consecução das metas da empresa e a operava no dia a dia.

Pedro, desde que ingressou na sociedade, através da YGA, promoveu um grande impacto na gestão de nossos negócios, já que o aumento

> *de competência de uma das empresas do sistema forçava as demais a acompanhar o movimento. Sua capacidade de trabalho, sua dedicação e determinação e a qualidade de sua presença e liderança foram influências decisivas para a evolução de nossas empresas.*

Após a fusão das empresas que compunham o sistema Natura, em 1988, Pedro ficou responsável pelas operações e passava metade do seu tempo na fábrica de Itapecerica. Os 11 diretores da empresa reportavam-se diretamente a ele. Pedro usualmente tinha de trazer para a realidade dos negócios e dos resultados a imaginação veloz de Luiz e Guilherme. Ficava de olho nos resultados. Poucos da Natura conheciam tão bem os números e os processos da empresa como Pedro. Com ele, a Natura ganhou competência de gestão.

> *Pedro é íntegro, com uma ética totalmente consonante com os valores da empresa. Sua marca é a grande objetividade, o foco nas coisas mais concretas. Seu lado mais "engenheiro", como costumamos brincar com ele. Ele representa aquele que harmoniza os processos e coloca os projetos em ação. Corporifica a visão do empreendedor no sentido da busca por resultados concretos. Embora tanto Guilherme quanto eu tenhamos os mesmos objetivos, Pedro detém todos os instrumentos para alcançar esses objetivos.*

A atuação de Pedro no cotidiano da empresa o fez como que o mensageiro do pensamento do *Três*. Ele exercia o poder nas operações representando a trindade. As questões complexas levava para discussão com Luiz e Guilherme. Era o mensageiro do *Três*, como Hermes na mitologia grega.

Ao lado de sua enorme capacidade de trabalho e liderança, a defesa de suas ideias o fazia parecer teimoso. Em momentos em que os movimentos da concorrência pareciam significativos, queria de forma obstinada responder no curto prazo para neutralizar qualquer potencial ameaça. No dia a dia, o operacional é sempre imperioso, com pressões que podem fazer com que o gestor se sinta incompreendido por aqueles que se ocupam mais da visão estratégica e da construção da marca. Esse distanciamento poderia gerar tensões, mas prevalecia nessas ocasiões a busca da harmonização dos opostos; através da dialética e das qualidades complementares, os três sempre puderam encontrar a unidade na diversidade.

> **O MITO DE HERMES**
>
> Filho de Zeus e de Maia, deus da comunicação e do comércio, Hermes era um jovem belo e ágil. Com a rapidez que lhe emprestavam as suas asas divinas e com o seu poder de argumentação e disposição para fazer comércio e persuadir, era o perfeito arauto dos deuses, ou seja, o seu mensageiro.
>
> Hermes simboliza o intérprete, o mediador, o condutor de si mesmo no cotidiano da sobrevivência, aquele que sabe que a vida é um trabalho que compete a cada um.[12]

Luiz, Guilherme e Pedro são pessoas completamente diferentes. Mas os três concordavam com a proposta filosófica da empresa, com seus valores de busca de aperfeiçoamento do ser humano e do seu relacionamento com o corpo, com as pessoas, a natureza e o universo. Entre eles sempre houve o compromisso com a verdade. A sociedade entre os três consolidou o marco ético da Natura, que nortearia a tomada de decisão com todos os públicos envolvidos, em todas as fases do processo.

A complementaridade presente no *Três* representa o diálogo permanente em busca da síntese. Sua conquista é fruto de um movimento em que as diferenças se mostram até a necessária convergência. Os três discordavam abertamente com frequência. Impasses aconteciam, como na decisão de separar os centros de produção e distribuição. Esse conflito se arrastou por um ano, até que se alcançasse o consenso.

As muitas decisões impostas pelo cotidiano intenso eram feitas buscando-se o consenso entre os três, independentemente do poder acionário de cada um. A maioria das questões era resolvida em uma série de reuniões em diferentes níveis da organização para estimular o trabalho em equipe, embora também se tomassem decisões "no corredor". Com o crescimento vertiginoso da Natura, o processo decisório manteve um pouco da leveza da pequena empresa, mas passou pela padronização típica das empresas de maior porte.

Determinadas questões, como as relativas à estrutura, precisavam de acordo consensual. Outras eram decididas individualmente. Quando Pedro resolveu contratar serviços para instalar o sistema SAP, Guilherme ficou sabendo da decisão, que envolvia milhões de dólares, através da imprensa. Em outra ocasião, Pedro decidiu retirar um produto do mercado por causa de problemas de qualidade. Não se tratava de algo que o consumidor poderia sentir acentuadamente: a cera de um dos batons cristalizava e, por isso, usá-lo era pouco confortável. Pedro deu ordem de informar todas as Consultoras a respeito do incidente para que pudessem notificar os seus clientes e reembolsá-los. "Essa decisão estava de acordo com os valores da Natura e, assim, eu não precisava discuti-la com os outros presidentes", completa Pedro.

De acordo com o pensamento oriental, na simbologia do *Três* existe a tensão dialética entre contrários na busca de uma síntese original que, ao mesmo tempo, suprime e conserva. Na história do *Três*, por vezes havia muita tensão. Quando há apenas dois elementos em uma relação, existem atração e repulsão. A entrada de um terceiro elemento alarga as alternativas possíveis presentes na relação dual. E a relação se torna mais complexa.

A tensão que antecede a busca pela síntese criativa que concebe o novo promoveu momentos de radicalidade na história da Natura. A história singular da empresa tende a fazer com que as tensões vividas em momentos de conflito sejam sublimadas pela vitória sobre as adversidades. Mas a Natura não foi construída apenas com flores e perfumes. Dores, impasses e tensões fizeram e fazem parte de uma empresa que aprendeu a buscar a unidade em meio à diversidade. Assim, a diversidade do triunvirato e a capacidade de manter uma unidade dinâmica em prol da empresa fizeram da Natura uma empresa de sucesso.

Luiz, Guilherme e Pedro representam dimensões diferentes de uma unidade. O uno e o múltiplo. Luiz representa o espírito e a palavra.

Guilherme simboliza a estratégia. Pedro representa a ação. A harmonia do ser está em *agir* de acordo com o *espírito*, por meio de um correto *pensar*, administrando-se os conflitos naturais do cotidiano. O espírito é a aspiração do eterno, da plenitude de sentido. O pensamento é a ponte que permite a ação no mundo em conformidade com o sentido. A ação é a materialização da intenção, realizada pelo corpo. A divisão ternária do homem em espírito, pensamento e corpo também pode ser metáfora das aptidões de cada um dos três presidentes. Essas diferenças permitem a complementaridade, por um lado, mas, por outro, são a origem das dificuldades e das dores de formas de pensar diferentes.

Luiz é visto pelos colaboradores como a inspiração da Natura. Seu carisma e sua intuição personalizam a dimensão do sentido da empresa, a fidelidade a seus princípios filosóficos e valores. Guilherme é identificado como o homem da estratégia, aquele que dirigiu a empresa em direção ao seu futuro, decifrando o ambiente externo e as suas influências na construção da Natura. É quem planejou, quem fez a mediação entre o planejamento e a ação. Pedro é visto pelos colaboradores mais antigos como o pragmático. Responsável pelo controle das operações, é identificado como a eficiência em pessoa, em razão da sua praticidade.

> *Os três têm o mérito de ser tudo o que representam, de ter contribuído para que a empresa evoluísse como evoluiu. Mas o tamanho do milagre, do fenômeno construído, transcende. Na contextualização desse fenômeno, há um processo de interações, de sinergias, uma força vinda do coletivo, de milhares de vidas envolvidas e encantadas com a empresa. O coletivo precisa ser levado em conta para que se compreenda a dimensão, o significado de tudo o que a empresa e essa marca representam. Ninguém fez isso sozinho. Seria impossível.*

Alessandro Carlucci, atual presidente da Natura, compreende que os olhares dos três sobre o negócio são diferentes e complementares. Para ele, uma marca fundamental do Luiz é a preocupação com a coerência entre a ação e as crenças da Natura. A pergunta de Luiz é: Isso está alinhado com o que somos? Já Guilherme, com a inquietação permanente de quem sonha e antecipa tendências, olha para a frente. Suas indagações: Isso é inovador? Traz ruptura? Antecipa o futuro? Pedro, com seu olhar complementar, amarra o processo de tomada de decisões com as questões: É o que o consumidor quer? Já foi feita a conta do retorno do investimento?

A rigor, os três se preocupavam com tudo, mas a marca de cada um deixou uma herança para a administração de Alessandro ("Alê", como é chamado na empresa). Toda decisão deve considerar essas três dimensões: coerência com as crenças; inovação e construção do futuro; e foco em resultados. Valores, estratégia e ação: esse é o tripé do triunvirato que fez a Natura ser a Natura – uma empresa cuja cultura busca materializar suas crenças e seus princípios ou, em uma palavra, a sua *razão de ser*.

Luiz, Guilherme e Pedro já não estão à frente da operação da Natura. Desde a abertura de capital ao mercado, em 2004, o *Três* mantém a influência na empresa de outra forma: pela força da cultura, pela força que os fundadores têm em qualquer empresa e também por meio do Conselho de Administração, que se aperfeiçoa a cada dia. Sob a presidência de Alessandro, a Natura se prepara para uma nova geração de líderes, sob a direção de um comitê executivo que represente, coletivamente, o legado do *Três*.

3. UM OLHAR DE JANO PARA A HISTÓRIA

O futuro aprende com o passado.

DAS SENTENÇAS DE PUBLÍLIO SIRO

O MITO DE JANO E SUA SIMBOLOGIA

Jano é um deus romano, representado por um homem de duas faces, uma voltada para a frente, a outra para trás. O primeiro mês do ano, janeiro, era consagrado a esse deus na Roma antiga, em virtude de simbolizar a passagem entre o fim e o começo: Seu rosto voltado para trás olha para o passado. Seu rosto voltado para a frente contempla o futuro. Jano olha para os dois. Sabe que o futuro aprende com o passado.

Na entrada das cidades, os portais eram dedicados a Jano, pois representam a passagem entre o interior e o exterior. Ao fechar a porta, separa-se o lado de cá do lado de lá. Mas como permitir a ventilação do ambiente fechado? Seria necessário fazer uma porta pequena, não para a passagem de pessoas, mas para a passagem do vento. Frestas na porta permitiriam o trânsito de ar pelo ambiente, mesmo com a porta fechada. Em outras línguas, a janela recebeu o nome de fresta: *fenêtre* (francês), *finestra* (italiano). O inglês preferiu derivar a palavra de vento: *windows*. Mas a língua portuguesa se valeu do diminutivo de *jano* para descrever a porta pequena: *janela*.

Para falar da Natura, é preciso conhecer um pouco de sua história. Ao abrir a porta do passado, podemos nos valer de algumas frestas para trazer a contribuição da empresa para o presente e conceber seu futuro.

A Natura nasceu do improvável e se transformou em uma empresa de grande porte. Sua história se divide em três momentos: antes do *Três*, durante o *Três* e depois do *Três*. Antes do triunvirato, chegou a ter uma estrutura de cinco empresas, o Sistema Natura, que viveu o seu apogeu e o seu declínio. A gestão do *Três* se deu desde a fusão desse sistema, em 1988, até a abertura de capital, em 2004. A oferta pública inicial (IPO) de ações marca uma nova fase, pós-triunvirato. Os três saem da presidência executiva da empresa e passam a liderar o Conselho de Administração, com outros membros.

A história da Natura se confunde com a de Luiz Seabra, seu fundador. Sua família de origem era bem modesta. Aos 14 anos, Luiz começou a trabalhar na gráfica onde o pai era almoxarife. Por lá ficou um ano. O pai lamentou sua decisão de mudar de emprego. Luiz decidiu ir trabalhar como aprendiz no departamento de pessoal da Remington Rand. Mas sua ascensão na empresa foi, como diziam à época, meteórica. Entrou aos 16 anos e aos 19 era chefe do citado departamento, que cuidava dos 1.200 colaboradores da empresa.

> *Na Remington Rand havia um Clube dos Veteranos do qual participava apenas quem tinha mais de 25 anos de empresa. Alguns de seus membros sonhavam poder assumir a chefia do departamento de pessoal, área especialmente respeitada na cultura da empresa. Imaginem a surpresa quando foram preteridos por um "moleque" de 19 anos... Aos 21 fui promovido para a Divisão de Barbeadores Elétricos, sem nenhum superior a quem me reportar localmente, a não ser o diretor-geral, que atuava no Rio de Janeiro. Senti-me inseguro em dirigir um grupo bem maior de pessoas, a maioria bem mais experiente que eu. Resolvi fazer um curso de marketing na recém-instalada ADVB, em São Paulo. Lembro-me perfeitamente do professor Gastão Pupo Jr., diretor da Sadia, no momento em que dizia uma frase que me marcou, embora hoje pareça tão óbvia: "A imagem de*

marca deve ser o grande patrimônio da empresa." Há quase 50 anos me surpreendi com a afirmação. Já havia pensado na "imagem" das pessoas, mas não das empresas. Desde então passei a considerar com minuciosa atenção tudo o que pudesse contribuir para a construção de uma imagem robusta e iluminada das empresas. Ainda buscando conhecimentos que representassem um diferencial que contribuísse na construção de minha liderança entre os demais colaboradores, comecei a estudar a fisiologia epidérmica para encontrar argumentos favoráveis à ação dos barbeadores elétricos sobre a pele. Passados três anos, a divisão foi extinta e resolvi não continuar na empresa, embora tivesse um convite para voltar ao departamento de pessoal...

Aos 24 anos, em 1966, seguindo o seu interesse no assunto, Luiz foi gerenciar um pequeno laboratório de cosméticos. Era uma empresa familiar, de propriedade do senhor Pierre, casado com dona Catherine, ambos esteticistas formados na França.

Ao sair da Remington fui gerenciar os Laboratórios Bionat, uma pequena indústria de cosméticos. A empresa pertencia à família Berjeaut, e o patriarca, senhor Pierre, era um esteticista muito conhecido. Trabalhei muito próximo a ele e à dona Catherine. Além das funções administrativas inerentes ao meu cargo, aprendi muito com eles sobre cosmética, estética, enfim, sobre os fundamentos do negócio. Interessei-me pelas fórmulas dos produtos, por toda aquela alquimia que transformava tantas diferentes matérias-primas em produtos coloridos, perfumados, tão agradáveis ao tato. Testando os produtos, comecei a intuir uma linguagem mais profunda do que aquela que até então representava para mim a chamada "indústria da beleza". Percebi que uma nova relação podia se estabelecer entre mente e corpo, que o uso consciente daqueles produtos podia transformá-los em verdadeiros instrumentos de bem-estar e de uma maior intimidade, familiaridade, entre mente, corpo e sentimentos. Dessa forma nasceu minha paixão pela cosmética e seu potencial para elevar a autoestima das pessoas, para o seu bem-estar.

O filho dos proprietários do Laboratório Bionat, Jean Pierre Berjeaut, viria a ser o primeiro sócio de Luiz e cofundador da Natura.

> *Decorridos três anos, o senhor Pierre ofereceu-me participação na sociedade para que eu continuasse a trabalhar com eles. Aceitei, com a condição de que fundássemos uma nova empresa. Assim nasceu a Indústria e Comércio de Cosméticos Jeberjeaut Ltda., que viria a se transformar, poucos meses depois, na Natura, com um capital aproximado de US$9 mil. Por um impasse no relacionamento familiar na mesma ocasião, houve um rompimento de nosso acordo societário e de fornecimento para o senhor Pierre. Como resultado disso, teríamos no curto prazo de encontrar um novo modelo comercial para a empresa. Com recursos muito escassos e uma linha de produtos praticamente artesanal, e com linguagem desconhecida, a saída não parecia muito óbvia. Resolvemos assim começar com uma pequena loja, onde atenderíamos diretamente as clientes finais, coerentemente com a proposta que denominávamos Cosmética Terapêutica: produtos com princípios ativos naturais, fórmulas climatizadas e tratamentos personalizados.*

Nascia assim, em 1970, a lojinha da Rua Oscar Freire, onde antes funcionava uma borracharia. A empresa tinha dois sócios e sete colaboradores. Era um espaço muito pequeno, onde Luiz acolhia as clientes e recomendava os produtos e tratamentos da Natura. A expressão da marca, associada à produção de bem-estar e saúde do corpo, inspirava um tratamento diferenciado do processo de venda, marcado pela inovação da linguagem. Tratar a pele é uma expressão de autoestima do indivíduo.

> *A Natura, quando nasceu, era totalmente improvável. Poucas pessoas poderiam acreditar que ela tivesse um futuro, quanto mais que se transformasse no que é hoje. Seus primeiros anos, entre 1969 e 1973, foram marcados por grandes dificuldades, limites de toda ordem, desespero rondando. Uma frase de Sri Aurobindo me vinha sempre à*

mente, me animando: "O impossível é apenas o começo de todas as possibilidades." Se julgamos algo impossível é porque ele é concebível. Sendo concebível, ele está dentro das possibilidades, mesmo que na aparência sejam inalcançáveis. Essa é, simplesmente, nossa história, uma grande realidade que em seu início foi considerada impossível.

No geral, quando menciono a descoberta de minha paixão pela cosmética, com seu potencial indiscutível de fortalecimento da auto-estima dependendo da linguagem que acompanha o produto, muitos poderiam pensar que esse "acontecimento" em minha vida limitou-se à questão mais filosófica, conceitual, ou até dialética ou mercadológica... Não foi assim, não. Paixão impõe transpiração, empenho, muito trabalho... Sem formação nenhuma na área nem conhecimentos de química, o que comecei a fazer, intuitivamente, foi copiar fórmulas sugeridas por alguns fornecedores (as que mais me lembro eram as da Henkel), incluindo o modo de fazer. O idioma mais usado era o espanhol, eu as copiava e depois traduzia. Assim eu me familiarizava com os ingredientes e, principalmente, com os princípios ativos recomendados. Estudava cada componente e cada função, e depois as diferentes características de pele, corpo e cabelos a que eles se destinavam. Além do que eu aprendia com o senhor Pierre e a dona Catherine, buscava livros e publicações especializadas em estética. Sempre que podia, eu ia ao laboratório para acompanhar a manipulação das matérias-primas e a fabricação, para mim na época um verdadeiro trabalho alquímico.

A partir da fundação da Natura, eu me envolvia em longas conversas com os nossos responsáveis técnicos e formuladores. Lembro ainda de nossa querida primeira farmacêutica, doutora Maria Lucia Pereira Leite de Albuquerque, que é até hoje minha grande amiga. Seguiram-se as irmãs Virginia e Silvia Berlanga e, depois, nosso querido Anizio Pinotti, um grande cosmetólogo, engenheiro químico responsável por nossa fabricação, com quem eu longamente discutia fórmulas, propriedades, criava novos conceitos e produtos (lembro-me, com minúcias, dos momentos de insight de algumas de nossas *criações, como o Erva Doce, primeiro sabonete líquido lançado no Brasil; o Fluido Termodinâmico; o Bothânica Banho de Massagem; o Chronos Renovador Celular; o Shampoo Vegetal de Brilho; e tantos outros). Anizio, anos depois, veio a ser o A de YGA e continua sendo nosso sócio.*

De tudo isso, o fundamental é que, desde sempre, procuramos criar e oferecer produtos cosméticos que reunissem excelente fórmula e conceitos baseados em verdades e comprometimento, que permitissem a melhor relação do indivíduo com o próprio corpo, promovendo e aprofundando seu bem-estar e sua autoestima. Tanto os fundamentos filosóficos quanto grande parte dos conceitos de nossos produtos representavam absoluta inovação.

Contrapondo-se a todas as tendências da época, a Natura lançava um novo conceito de filosofia cosmética: a Cosmética Terapêutica, que propunha a preservação da saúde e da beleza do corpo através da utilização de produtos baseados em princípios ativos naturais e tratamentos coordenados. Além disso, mais que oferecer cremes e shampoos, a Natura buscava disseminar o relacionamento ideal do indivíduo com seu próprio corpo e o cultivo de suas melhores qualidades diante do mundo. A Figura 3.1 mostra a primeira propaganda da Natura divulgada em veículo de circulação nacional, a revista *Claudia*, em 1976. Praticamente sem imagens e com muito texto, a peça explicava os conceitos da cosmetologia terapêutica da Natura e os seus valores. Chamava a atenção para o uso de produtos naturais, adaptados ao clima brasileiro, e para o papel da Consultora, uma esteticista preparada para indicar os cuidados adequados para a pele, o corpo e o cabelo de cada cliente.

É moderno hoje falar em filosofia e responsabilidade empresarial, gestão por valores, ecologia... Mas nós já falávamos disso quando esses termos eram praticamente desconhecidos e pouca atenção era dada pela sociedade à questão ambiental. Desde nossa fundação, esses temas nos absorviam, tanto quanto a busca pela qualidade dos nossos

Figura 3.1 A primeira propaganda da Natura.
Fonte: Memória Viva Natura.

produtos – uma contínua obstinação. Resumindo, nos preocuparam sempre tanto a qualidade dos produtos quanto a qualidade das palavras, dos conceitos, das ideias, dos ideais. Nossa filosofia é procurar ampliar todo o significado de nossa razão de ser, o bem estar bem, ao que somos, sentimos, pensamos, fazemos e provocamos. Sempre.

A inauguração da lojinha da Natura já explicitava a fidelidade da empresa às suas crenças e aos seus valores. Em vez de falar em negócios, a Natura celebrava sua entrada no mercado focando os sentimentos. Luiz e Jean distribuíam nas ruas uma rosa branca com um cartão que tinha os dizeres:

> Nós pensamos em você.
> Gostamos do mundo, dos dons da vida, da música, da amizade, do elo que nos une, da mística engrenagem dos momentos, aprendemos a força do amor. Com amor, muito amor, nós fabricamos beleza. Venha nos conhecer.
>
> Pense em nós.

A flor inspirou a primeira marca da Natura, de 1970. Na cor verde, seu desenho sugeria a imagem de pétalas formadas por letras "n", de Natura. A escolha foi motivada pela crença da empresa de que a flor é a mais pura representação de uma vida que está nascendo e da beleza como um todo.[13]

Figura 3.2 A primeira marca.
Fonte: Memória Viva Natura.

Além de muitas e belas lembranças, a experiência com a lojinha da Oscar Freire me trouxe grandes amizades, como a da Ruth, amiga de todas as horas, e a de seus filhos Sergio e Nelsinho. Falando da Ruth, muitos de seus familiares se tornaram nossos clientes. Entre eles havia a dona Sylvia (tia da Ruth), que vinha de São João do Nepomuceno, Minas Gerais, para as consultas. Dona Sylvia, na época, tinha seus setenta e poucos anos (73, acho). Quando falávamos da idade e seus significados, do que a experiência poderia representar de enriquecimento intelectual e espiritual, ela dizia, com os olhinhos matreiros: "Ih, meu filho, não é nada disso não..." Dela eu guardo uma lembrança muito especial, comovedora.

Passados uns anos, ela já não podia vir a São Paulo e fiquei sabendo por sua filha Cidah que todas as noites ela tinha uma dor no braço que a impedia de conciliar o sono. Como nós tínhamos uma fórmula muito eficaz para massagear os músculos, com efeito analgésico, pedi que produzíssemos uma boa quantidade e enviei para a dona Sylvia. Alguns dias depois tive a notícia de que o produto havia trazido tanto alívio para ela que desde então ela pedia por mim em suas orações... Foi a primeira vez na vida que fiquei sabendo que, além de minha mãe, alguém rezava por mim. Me emocionei muito com isso. Seguramente, além de a fórmula ser muito boa, o fato de eu ter enviado "esse presente" representou para a dona Sylvia um gesto de amor, de atenção, que devia também ter seu lado terapêutico.

Esse fato, tão humano e simples, tornou-se uma grande experiência para mim. A partir dele aprendi que, antes da preocupação em "encantar" as clientes, a empresa deve antecipadamente estar por elas encantada, como tão bem interpretou o saudoso professor Saliba, da GV (que frequentemente me convidava para contar a história da Natura no Ceag). A outra grande lição foi que, quando procuramos servir o melhor possível, obtemos de volta os mais inesperados e admiráveis retornos. E, além disso tudo, também venho refletindo que, desde então, a dona Sylvia, independentemente de uma fé, de uma religião, demonstrava com suas orações sua capacidade de ser solidária. Como dizia Krishnamurti, estamos todos "navegando por um mar desconhecido". Sós, isolados, egocentrados, estaremos perdidos em um universo inóspito. Se nos unimos, se somos fraternos, revela-se para nós um outro lado da vida. Outra forma de descobrir as belezas do mundo.

Passados 41 anos, eu me aproximo da idade que dona Sylvia tinha quando frequentava nossa lojinha. Ruth, minha amiga e grande divulgadora de nossos produtos, tem hoje mais ou menos a idade que tinha, à época, dona Sara, sua mãe, que foi também nossa cliente...
Como dizia Federico Fellini: "E la nave va..." Repetindo Louis Armstrong na canção que eu ouvia muito naquela época, "What a wonderful world"!
Rezemos e lutemos para que ele venha a ser um dia um mundo maravilhoso.

Luiz acreditava que o conceito Natura não poderia ser disseminado através de uma comercialização tradicional. Afinal, as vendas têm parte importante na transmissão dos conceitos e na concretização da filosofia. Era necessário que os tratamentos fossem indicados com propriedade. Luiz foi o primeiro Consultor da Natura. Ele realizava as consultas personalizadas para indicar o melhor tipo de tratamento cosmético.

Como já comentei, nos primeiros anos eu é que atendia nossas clientes. Foi um grande desafio vencer minha timidez natural para vir a ser o primeiro Consultor da Natura. Sem ter nenhuma ideia do extraordinário impacto que essa experiência teria sobre minha vida, encontrei em meu interior, na paixão que a cosmética me tinha despertado, a energia necessária para seguir esse caminho. Mas o movimento em nossa loja não era suficiente para manter a indústria. Comecei então a viajar, dar conferências, visitar médicos (alguns adquiriam boas quantidades de nosso creme anticelulite para presentear suas clientes). Onde houvesse oportunidade para apresentar o que era a Cosmética Terapêutica, lá estava eu. Era muito frequente também, em São Paulo e no Rio de Janeiro, eu atender convites de clientes que reuniam amigas em suas casas (de 10 a 20 pessoas). Eu ia a esses encontros, falava sobre algum tema ligado à estética, respondia às perguntas e oferecia consultas individuais.

A base das consultas de Luiz era muito mais que a indicação de um cosmético. Era a abertura de espaço para as pessoas entrarem em contato com os valores que a incipiente empresa pretendia passar. Um espaço onde elas podiam se expressar e se relacionar melhor consigo mesmas. Esse "algo mais" das consultas se estendia aos produtos, que eram sempre acompanhados de uma mensagem filosófica.

Se a paixão pela cosmética mobilizou-me para enfrentar todos os desafios de nossos tempos heroicos, da fase da subsistência, a experiência com as consultas personalizadas permitiu-me descobrir minha paixão pelas relações... Foi assim que percebi a importância fundamental que o outro tem em nossa existência. Comecei com isso a me perceber melhor, a me conhecer melhor. A descobrir o potencial de beleza, a luz que habita todo ser humano. A acreditar e divulgar a necessidade do aperfeiçoamento contínuo, da ampliação da consciência, da busca do sentido para o nosso ser e estar no mundo.

Nos primeiros momentos, a empresa procurava por canais de distribuição. Luiz visitava as clientes que podia e organizava reuniões em que pudesse fazer a divulgação dos produtos da empresa.

Lutando contra nossas limitações, fui buscando expansão. Penetramos em novas categorias e atividades ligadas à cosmética. Em meio às dificuldades, não deixamos de cometer enganos sérios... Por algum tempo eu e Jean Pierre nos "distraímos" com uma butique e cabeleireiro que uma cliente nos tinha "vendido" como bom negócio... TurangáLilá foi o nome que demos (em sânscrito quer dizer "o fluir da vida e do amor"). Como muitas ilusões, essa butique nos custou caro: em dinheiro, que pouco tínhamos, e em tempo, tão escasso devido ao tamanho do desafio de construção da Natura. Nessa época fui convidado para fazer conferências no Senac, no curso de formação de esteticistas. Criamos uma linha especial para uso profissional. A partir daí, através das esteticistas, começamos a praticar fundamentos da venda direta. Eu deixava, assim, de ser o único Consultor da Natura.

O período entre 1970 e 1973 foi de uma agitação muito grande. Luiz atuava como Consultor, na venda direta, e dava palestras para promover as vendas. As dificuldades eram enormes, principalmente por causa da inadimplência de alguns distribuidores. Nessa fase da Natura, até 1973, Luiz ia a qualquer lugar onde houvesse gente interessada em conhecer os produtos da empresa e a sua filosofia. Sempre que convidado, comparecia a reuniões em outras empresas, fazia a conferência e realizava as consultas. Certa vez, viveu uma situação inusitada no Rio Grande do Sul:

Uma esteticista formada pelo Senac solicitou-nos para nos representar no Rio Grande do Sul. Como não tínhamos nenhum contato por lá, resolvemos arriscar. Combinei que ela marcaria conferências em clubes e outras associações que se interessassem para que eu pudesse ampliar o que já vinha fazendo em São Paulo e no Rio de Janeiro. Quando tive a confirmação de que no mínimo seis conferências estavam asseguradas, para lá fui (hospedei-me no Plaza Hotel, lembro-me bem). Infelizmente, os contatos foram feitos de forma muito amadora, as reuniões praticamente não aconteceram. Uma das poucas que tinham um número maior de pessoas era constituída por jovens colaboradores do Banco do Brasil, e o perfil desse público não correspondia muito bem ao dos clientes do nosso portfólio. Ali perto estava em exibição um grande sucesso do cinema da época, A história de um amor. *Comecei minha fala exatamente por aí: "Minha gente, antes de vocês verem o filme, tenho uma outra história de amor para contar. Se esse amor vai sobreviver, não sei. Só posso dizer que, se a*

> *Natura nasceu e hoje aqui me apresento, é porque, lutando contra grandes limites, o amor alimenta nosso sonho."*

Até aí Luiz não havia sequer coberto o custo da viagem. Isso só se resolveu quando, em uma visita ao responsável pelas compras de um supermercado – a Rede Real –, ele conseguiu realizar a venda de 500 unidades de creme anticelulite.

> *Posteriormente conseguimos um distribuidor para o Rio Grande do Sul, com uma organização já montada com venda direta. Eles aceitaram ser nossos distribuidores exclusivos. Com a experiência, que incluiu o treinamento da equipe de vendas desse distribuidor, descobrimos que esse poderia vir a ser o melhor modelo comercial para a Natura.*

Mas havia um problema com esse distribuidor: a inadimplência. Apesar de a venda dos produtos ser razoavelmente boa, receber era um sofrimento. Isso também ocorria com uma distribuidora do Rio, a Socila.

> *A Socila era uma célebre rede de institutos de estética no Rio de Janeiro. Fora fundada por Maria Augusta, então muito conhecida por ser orientadora nos concursos de Miss Brasil. Nessa época, 1973, ela tinha vendido boa parte de sua sociedade ao doutor Cury Neto, que nos procurou para distribuir nossos produtos no Rio e, posteriormente, em Minas Gerais. Esse distribuidor foi muito importante para a divulgação da desconhecida marca Natura àquela época. No entanto, representava um sério problema no que se refere a saldar seus compromissos com a Natura.*

A Natura chegou a 1974 com distribuidores que vendiam bem, mas que eventualmente não realizavam os pagamentos ou demoravam muito, muito mesmo, para fazê-lo. A empresa dependia do desconto de duplicatas em bancos.

> *Certa noite fui ao Rio porque precisava receber duplicatas atrasadas da Socila, e todos os esforços nesse sentido tinham sido em vão. Esperei amanhecer em frente ao hotel onde o doutor Cury Neto morava, para encontrá-lo logo cedo. Acho que o elemento surpresa funcionou, porque consegui receber os pagamentos de que tanto precisávamos. Hoje soa muito estranho ter tomado uma medida assim extrema. Mas esses eram os tempos que vivíamos.*

Nesse período, a Natura encontrava dificuldades de encontrar bancos que descontassem as duplicatas. O Banco Novo Mundo aceitou realizar a operação, mas impôs a compra de duas cotas para a Copa do Mundo de 1974. Era uma viagem pela rota da Copa.

> *Meu sócio tinha a opinião de que deveríamos comprar as cotas que nos eram impostas, conseguir o desconto das duplicatas tão necessário e rifar as cotas na sequência. Embora eu já tivesse feito rifas de despertadores e até de sapatos quando comecei a trabalhar, não concordava em recorrer novamente a esse recurso. Ao estudar o roteiro da viagem, vi que a semana inicial da excursão seria em Paris. Eu disse ao Jean que essa semana justificaria o preço das cotas, já que iríamos a Paris, berço da cosmética moderna. Meu sócio era francês e eu ainda não falava bem o francês... Bem, nós fomos e a viagem representou para mim uma verdadeira catarse. Lá, entre outros contatos, conheci Hubert Pierantoni, tido como o papa da estética naquela época, que nos acolheu muito bem. Conversamos longamente sobre indústria cosmética, formação de esteticistas, recursos de treinamento. Voltei dessa minha primeira viagem à Europa muito entusiasmado, convicto de que, apesar das limitações imensas, nossa forma de ver a cosmética tinha futuro. Voltei decidido a abrir em São Paulo uma distribuidora que pudesse ser um verdadeiro laboratório das visões e práticas da Natura para a personalização de nossos tratamentos, através de Consultoras que revendessem diretamente nossos produtos. Essa distribuidora seria um modelo para o restante do país.*

A criação de uma distribuidora da Natura em São Paulo tinha também uma razão administrativa, uma razão lógica. Do ponto de vista fiscal, era conveniente uma distribuição à parte, realizada por outra empresa. E, sendo outra empresa, cada uma podia dedicar-se a sua vocação fundamental. A Natura não tinha desenvolvido internamente a competência para a venda direta, embora a paixão pelas relações a predispusesse, natural e espontaneamente, a esse tipo de venda.

A possibilidade de abrir franquias ou vender os produtos em drogarias entrava em conflito com a filosofia do negócio idealizada por Luiz. O treinamento dos vendedores e o necessário investimento em publicidade eram impossíveis, pois não havia recursos naquele momento para esse tipo de ação. As vendas diretas, via distribuidores, seriam a única opção viável e permitiriam que a filosofia do negócio fosse transmitida aos clientes.

> *Voltamos em junho de 1974 dessa "Copa do Mundo" tão especial em minha vida, tendo assistido, sozinho em meio aos torcedores iugoslavos, somente à estreia do Brasil. Foi em Ludwigshafen, na Alemanha. Torci, torci, torci, mas deu empate. E chuva. No entanto, nada esfriava minha ebulição interior. Eu tinha a convicção de que, chegando a São Paulo, constituiria sociedade com Yara Pricoli, profissional muito experiente em venda direta. Yara já tinha sido gerente de vendas da Rhodia, da linha Isabelle Lancray e, posteriormente, dos produtos da alemã Algemarin. Ela tinha um médico e amigo, doutor Miguel Bove Netto, que propusera sociedade a ela. Juntamente com outro amigo desse médico, do mercado financeiro, constituímos, nós quatro, a Pró-Estética, distribuidora exclusiva dos produtos Natura para o estado de São Paulo.*

A Pró-Estética foi fundada em 30 de agosto daquele ano para distribuir os produtos em São Paulo e gerenciar a força de vendas. Seus objetivos principais eram o comércio, a representação, importação e exportação de produtos cosméticos, a prestação de serviços de orientação e demonstração em institutos de beleza, bem como a realização de cursos para esteticistas.

Figura 3.3 A marca da Pró-Estética.
Fonte: Memória Viva Natura.

Essa distribuidora trouxe para a Natura uma consistência e um futuro até então inimagináveis. A prosperidade de uma significava a prosperidade da outra.

> Foi muito rápida a nossa evolução, porque a Yara já tinha uma carteira de referências de muitas supervisoras de vendas. Fechada a sociedade, essas supervisoras já começaram a trabalhar conosco e logo atingiram um bom nível de produtividade. Aí começamos a prosperar muito rapidamente, o que me levou, passados seis ou sete meses, a adquirir a participação dos sócios investidores e fazer uma sociedade meio a meio com a Yara.

Foi a partir de 1974 que as Consultoras Natura começaram a fazer o trabalho que Luiz vinha fazendo. Elas tinham de ser capazes de realizar as consultas, nas quais fariam o diagnóstico de problemas de pele e dariam a respectiva indicação de tratamento, além de incentivar o autocuidado e a autoestima.

Em 1974, a Natura passou a contar com distribuidoras. Além da Pró-Estética, responsável pelas vendas em São Paulo, havia delegações com outras distribuidoras no Brasil. A Socila criou uma empresa coligada, a Natubel, que fazia as vendas no Rio de Janeiro. Havia também distribuidoras no Ceará, em Recife, Salvador e Brasília, e algumas esparsas que atuavam de acordo com a cultura local, e um sistema ainda muito amador.

Poucos anos depois da criação da Pró-Estética, entra em cena Guilherme Leal. Jean viu uma oportunidade de criar uma distribuidora para atender aos estados do sul do país e convidou Guilherme para o negócio. Luiz o incentivava nessa direção. A não participação de Jean na constituição da Pró-Estética gerou alguma tensão entre os sócios, que poderia ser amenizada com essa iniciativa.

Na ocasião, Guilherme pensava em desenvolver um projeto de reaproveitamento de dormentes de ferrovia, valendo-se de sua experiência na Fepasa. O convite de Jean o desviou dessa ideia e eles resolveram criar a empresa, que começaria em Curitiba. Assim nasceu a Meridiana, tendo como sócios Jean Pierre, Guilherme Leal e Ronuel Mattos.

Constituída em 29 de agosto de 1979, a Meridiana ficou responsável por distribuir os produtos da Natura nacionalmente, com exceção de São Paulo e Rio de Janeiro.

Em 1979, a Natura fabricava cosméticos, basicamente produtos para pele, corpo e cabelos, mas não produzia maquiagem nem perfumes. Yara Pricoli considerava importante que a empresa entrasse nesse ramo, em razão da concorrência. Como outras companhias ofereciam produtos que a Natura não tinha em seu portfólio, elas disputavam o interesse dos clientes. As Consultoras muito frequentemente vendiam outras marcas e ofereciam produtos aos quais a Natura não tinha similares para concorrer.

Figura 3.4 **A marca da Meridiana.**
Fonte: Memória Viva Natura.

A Yara trouxe-me a questão, propondo que a Natura incluísse uma linha de maquilagem em seu portfólio. Como ainda estávamos consolidando no Brasil a imagem de marca especializada em cosmética terapêutica, em tratamentos para pele, corpo e cabelos, pareceu-me arriscado esse movimento. Por outro lado, era evidente que tínhamos uma oportunidade que precisava ser aproveitada. Achei que a oportunidade de mercado poderia também dar origem a um maior equilíbrio de composição societária com divisão de poderes...

A criação de uma fábrica de maquiagem por Yara e Guilherme daria a eles participação na indústria, até então exclusividade de Luiz e Jean Pierre com a Natura.

Aqueles que eram sócios apenas nas distribuidoras, Yara e Guilherme, passariam a deter também uma indústria, da qual Jean Pierre e eu, como distribuidores, seríamos clientes.

Nascia, então, em 1981, a L'Arc en Ciel, uma indústria de maquiagem e, posteriormente, de perfumes.

Figura 3.5 A marca L'Arc en Ciel (YGA).
Fonte: Memória Viva Natura.

Em 1983, Pedro Passos foi trazido por Guilherme como principal executivo da área industrial da fábrica. A indústria já alcançava uma complexidade que exigia alguém dedicado totalmente à gestão e detentor de instrumentos modernos nessa área. E Pedro trazia tudo isso. Ele trabalhava em uma multinacional, em gerência média, com as vantagens próprias do cargo. A L'Arc en Ciel era uma empresa pequena, de 17 colaboradores. Mas Pedro aceitou o convite, com uma condição: se desse certo, queria ficar sócio. Acordos como esse eram feitos na palavra, na confiança, não havia contrato formal.

Em 26 de janeiro de 1984, a L'Arc en Ciel teve alterada sua denominação para YGA Industrial e Comercial de Cosméticos Ltda. Pedro ganhou o direito de ser sócio. Foi comprando as ações a que tinha direito na medida do possível, muitas vezes com o lucro distribuído pela empresa. Isso era um incentivo adicional para trabalhar mais e melhor.

> *O ingresso do Pedro foi inestimável para a YGA, e eu diria que até para a Natura e distribuidoras. Uma organização maior e mais eficiente na YGA imprimia às demais empresas um dinamismo, uma busca de superação e saudável competição. Todos ganhavam, mesmo que sentindo alguma tensão natural nesse ambiente tão competitivo.*

Criou-se ainda uma quinta empresa, a Éternelle, que ficou responsável pela distribuição dos produtos da YGA no Rio de Janeiro, a qual antes estava a cargo de outros distribuidores.

Ainda não estava formado o triunvirato. A Natura construíra um sistema de cinco empresas, com sócios diferentes. Natura e YGA eram as indústrias. Pró-Estética, Meridiana e Éternelle eram as distribuidoras. Esse sistema ajudou a Natura a experimentar um explosivo crescimento das vendas na década de 1980, favorecido pela economia fechada do Brasil, alta inflação e moeda instável, que tornavam a competição estrangeira inviável. A estrutura de cinco empresas era uma resposta eficaz para as necessidades de crescimento rápido e nova injeção de capital. Ela também proporcionava uma dinâmica de competição interna, que alimentava a qualidade e o anseio de autossuperação.

O clima de confiança, inovação e empreendedorismo prevalecia. Era tudo na base da palavra. Os sócios falavam sempre que *"o combinado não é caro"*. Mesmo que não estivesse escrito, se prometeu tem de fazer. Com as cinco empresas, foi se formando um ambiente de competitividade e de uma ética não escrita no qual predominava o mútuo respeito. A consolidação do Sistema Natura reafirmou a força da proposta filosófica original.

> *Pudemos assim nos voltar para nossas vocações, exercendo com entusiasmo as duas paixões fundamentais: a paixão pela cosmética como elemento de promoção do bem-estar, de ampliação de consciência de se perceber melhor habitando o corpo, e a paixão pelas relações, já que elas representam grande parte do sentido de nossas existências.*

O Sistema Natura tinha 200 colaboradores e duas mil Consultoras, movimentando em 1980 o valor de US$7 milhões. No final dessa década, alcançava a marca de US$247 milhões de faturamento, 1.800 colaboradores e 50 mil Consultoras. A Natura era líder nas faixas A e B dos consumidores brasileiros. A significativa expansão foi resultado de investimentos maciços na pesquisa tecnológica, na garantia de qualidade, na criação de novos produtos e na consolidação de um ágil esquema de distribuição. Mas, de forma isolada, esses investimentos não justificam crescimento tão significativo. A proposta diferenciada da Natura pode ser considerada como alavanca fundamental do crescimento: o sistema de venda pessoal, que incluía consultas personalizadas e a comunicação inovadora com os canais de venda.

Na década de 1980, o Brasil vivia período de inflação alta. Em 1985, a inflação acumulada do ano foi de 235,11%. O sistema de cinco empresas, com duas indústrias diferentes compostas por sócios diferentes, permitia a estratégia de usar a inflação como recurso para a promoção de produtos, um instrumento da força de vendas. A estratégia era não aumentar os preços nas duas indústrias ao mesmo tempo. Mas, com o congelamento de preços promovido pelo Plano Cruzado,[14] isso se tornou um enorme problema.

No regime inflacionário em que vivíamos, a gestão dos reajustes de preços era complexa e estratégica. Grande parte das vendas ocorria às vésperas dos aumentos. Tínhamos um acordo de alternância de reajustes, isto é, em um mês aumentos da Natura, no outro da YGA. Em fevereiro de 1986 foi a vez da YGA corrigir seus preços. Em março seria a vez da Natura, cuja nova tabela já estava em poder das distribuidoras. No entanto, editou-se o decreto-lei que estabeleceu o célebre Plano Cruzado, proibindo qualquer aumento a partir de 1º de março. Como não fez correção no mês anterior, a Natura estava com os preços defasados, especialmente os de alguns produtos. A situação despertava tanta perplexidade que eu tinha certeza de que "em nosso caso" obteríamos autorização para aumentos... Consegui no sábado daquela semana falar com um ministro do governo. Mesmo ouvindo todos os meus argumentos, ele me falou da total impossibilidade de nos atender e que a única solução seria a negociação com nossos fornecedores...

O resultado de curto prazo do Plano Cruzado foi um aumento expressivo do consumo. O Sistema Natura vendeu muito, embora a Natura tivesse margens menores do que a YGA. Essa febre de consumo foi uma demonstração para a Natura de que existia um grande potencial de mercado.

Passada a euforia dos primeiros meses do Plano Cruzado, depois de setembro, outubro, o volume de vendas caiu abruptamente. Algumas dessintonias societárias apareceram. Jean Pierre Berjaut, que dividia as ações com o Luiz na Natura, tinha uma visão diferente de investimento de longo prazo na empresa. Ele queria mais liquidez e menos investimento. Luiz era apaixonado pela Natura e pelo negócio. Guilherme e Pedro queriam investir, eram novos, não estavam financeiramente realizados.

Passada a febre consumista derivada do congelamento prolongado, e com a correção dos preços, o mercado pisou forte no freio. Estoques acumulados, nossas empresas pressionadas por compromissos financeiros com toda a cadeia de fornecimento – esses eram alguns dos elementos que evidenciavam em nosso sistema um claro conflito de interesses. A quem cabia o custo de estocagem, por exemplo, às indústrias ou às distribuidoras? As tensões entre os sócios se acumulavam também. Em fins de 1987, Jean Pierre tomou a decisão de deixar a sociedade, mas as negociações foram difíceis e se prolongaram durante todo o ano de 1988.

No pico da crise econômica do final da década de 1980, o crescimento da Natura foi bruscamente interrompido. Inflação de 89% ao mês, capital caro e a abertura da economia brasileira contribuíram para a instabilidade da empresa. Os lucros caíram e a Natura foi forçada a demitir 15% de sua força de trabalho. À medida que novos competidores começaram a aparecer, a empresa compreendeu que tinha capacidade de produção limitada, uma linha de produtos ultrapassada, poucos serviços de qualidade para sua força de vendas e um complexo processo de tomada de decisões devido à estrutura de cinco empresas.

Havia quatro parceiros principais, que controlavam 80% das empresas, mas eles não eram os mesmos em cada uma. Os interesses não eram homogêneos. As decisões tornaram-se lentas. Era difícil o consenso acerca de novos produtos e de políticas de preços. Havia um impasse. Conflitos internos dificultavam a reação da empresa diante do ambiente em mudança.

Depois de um ano de negociações, chegou-se a um acordo que contemplou os interesses de todos os envolvidos. A fusão das empresas foi firmada em 23 de dezembro de 1988. Jean Pierre Berjeaut negociou sua participação, e os sócios restantes constituíram uma *holding*, a Stellium S.A. Empreendimentos e Participações, que então passou a coordenar o processo de fusão das estruturas administrativas das empresas.

Com a consolidação das duas fábricas e dos três centros de distribuição em uma única marca, uma nova fábrica tornou-se a sede, com aumento de 50% na capacidade produtiva. As plantas de produção e distribuição foram centralizadas. Os novos proprietários reinvestiram todos os lucros no desenvolvimento de novos sistemas operacionais, de informação e planejamento e, ainda, na revitalização da linha de produtos com nova tecnologia. A empresa estava ficando maior do que a capacidade de gestão do triunvirato. Recrutou-se no mercado uma nova equipe gerencial. Muitos novos executivos vieram de empresas multinacionais. Nove dos onze diretores foram trazidos de fora da Natura, o que gerou muitas tensões com a gerência criada na casa e temores de perturbação na cultura da empresa. Em 1990, houve a primeira grande e significativa mudança de papel de Yara, Luiz e Guilherme. Eles passaram a compor um conselho, mesmo que com níveis diferenciados de dedicação à operação da empresa. Pedro tornou-se responsável direto por inovação, produtos e finanças. Ao Antonio Carlos Freire de Oliveira, até então diretor da distribuidora Meridiana, coube a gestão do canal de vendas.

Esse conselho era híbrido: conservava responsabilidades da área executiva e já iniciava um exercício de poder diferenciado. Apesar de não ter a estrutura formal nem tampouco apenas as responsabilidades típicas de um conselho de administração – que só foi criado em 1997, como passo tático para a abertura do capital, ocorrida em 2004 –, era o embrião de uma nova forma de governança. Mas esse movimento que ocorreu na década de 1990 representou uma mudança radical – talvez a maior que a Natura viveu em sua história e cujo impacto é, de alguma maneira, comparável ao da IPO, embora o desta última, para quem viveu os dois momentos, possa ser considerado mais forte.

> *A fundação da Natura, apesar de toda a fragilidade e insuficiência de meios daquele momento, possibilitou todos os desdobramentos que construíram, com crescente entusiasmo, uma invulgar história de sucesso. A fusão das empresas, mesmo considerando todo o êxito e o respeito já alcançados no mercado, foi a transformação mais profunda de todo o nosso desenvolvimento. Com todo o respeito a todas as contribuições que construíram a Natura até então, eu tenho a certeza de que para a empresa vir a ser a marca que hoje é e tudo o que representa, aquela fusão foi fundamental. A partir dela, o pensar e o sentir sistêmicos, que sintetizam a essência, a alma da empresa, passaram a*

penetrar toda a organização, em um longo processo de harmonização e coerência com nossos valores fundamentais.

A marca ganhou traços entrelaçados para mostrar união. Posteriormente, ganhou a assinatura "Verdade em Cosmética".

O símbolo da nova marca do Sistema Natura era uma flor, de desenho original e exclusivo, composta por seis módulos em arranjo circular, construídos também a partir de uma letra "n" estilizada.

A evolução do design da marca tinha forte simbologia. Representava união, vitalidade, movimento, harmonia. A Natura renascia, expressando o que havia de mais autêntico e inovador em suas origens históricas.

A nova marca buscou espelhar uma organização menos segmentada, mais sólida e com uma abordagem de mercado mais agressiva. Isso porque a mudança buscou unificar a identidade da empresa após a fusão do Sistema Natura. Reflexo perfeito das qualidades e características que a união entre Natura, YGA e distribuidoras permitiu potencializar.

Não se tratava de uma simples alteração de logotipo. Mais do que corrigir uma antiga deficiência técnica (o anterior, quando reduzido, deixava praticamente ilegível o nome Natura), a mudança buscava unificar a

Figura 3.6 A marca pós-fusão do Sistema Natura.
Fonte: Memória Viva Natura.

identidade da empresa. Depois que se fundiu com a YGA, no final de 1988, para produzir e vender os perfumes e maquiagens L'Arc en Ciel com as distribuidoras Pró-Estética e Meridiana, a Natura se viu perdida no meio de quatro marcas diferentes. Mudar simplesmente a simbologia soa falso. A Natura acreditava que qualquer alteração de visual de uma empresa deveria estar associada a uma profunda transformação. O novo logotipo espelhava uma organização menos segmentada e com uma abordagem de mercado mais agressiva. *"Os oito enes da antiga marca pareciam retratar nossa própria divisão"*, disse Guilherme em 1990.[15]

> *Desde o núcleo pressente-se a vitalidade. Em suas linhas, movimento e beleza. Na força de seu conjunto, o inseparável pulsar poderoso e irrefreável da vida.*

A reconstrução da marca Natura foi acompanhada da divulgação da *razão de ser* da empresa. Mais do que uma frase para emoldurar e pendurar na parede, como é bastante comum ainda hoje, a empresa tinha *"uma disposição efetiva de bancar a construção de uma empresa alicerçada nesses valores"*.[16] Em meio às dificuldades impostas pelo processo de fusão, a Natura entrou nos anos 1990 apostando firmemente na sua remodelação operacional e na cultura como sustentação do negócio. No contexto econômico desse período, empresas estrangeiras ingressaram no país e muitas empresas brasileiras do setor desapareceram ou foram compradas. A maioria das empresas locais não tinha condições de atingir o grau de inovação necessário para competir.

Reunida sob imagem institucional única, a Natura investiu fortemente no resgate e no reforço de suas crenças e sua vocação. Mais do que nunca, suas linhas de produtos – lançadas com bases que unem tecnologia a conceitos totalmente inovadores – expressaram essa preocupação.

> *A razão de ser da Natura nos remete à questão fundamental da existência humana, que são as relações. Para melhor defini-las manifestamos nossas convicções e compromissos através de um conjunto de*

crenças que permitem melhor compreender a extensão e profundidade contidas na síntese bem estar bem, *nossa razão de ser. Embora a definição de nossas crenças tenha ocorrido a partir de 1992, elas já permeavam o negócio, alicerçavam nossa visão de mundo. Desde a fundação.*

Assim, depois da fusão, a década de 1990 exigia decisões éticas rigorosas. Na Natura, a questão do pequeno capital era agravada pela conjuntura da época: o confisco dos bens das empresas pelo Plano Collor, a abertura das importações e o *impeachment* do presidente do país. A diferença para a Natura era que nesse novo momento se buscava desentranhar a ética latente no passado, torná-la clara, acrescentar-lhe todo o aprendizado decorrente da vida, sintetizá-lo em forma de missão, valores e crenças, e verdadeiramente expressar tudo isso no modo Natura de fazer negócios. Para Pedro Passos, essa *"talvez tenha sido a melhor prática de gestão que fizemos em nossa história, o resto foi consequência".*

Foi entre 1992 e 1993 que se fez esse trabalho de explicitação de valores e visão. Era a época de "ir ao divã", expressão utilizada pelo *Três* para fazer referência aos encontros realizados para pensar a empresa filosoficamente, desde sua *razão de ser* até seus valores fundamentais.

> *Tínhamos ido, Guilherme e eu, a um congresso internacional. Notamos que algumas empresas americanas começavam a apresentar suas missões. Quando indagado pelo Guilherme sobre o que eu achava de apresentarmos a nossa, respondi que no meu entender as missões deveriam ser antecedidas de uma razão de ser, que é a própria definição do destino da empresa. A missão propriamente dita pode ser variável no tempo.*

A "ida para o divã" representou o momento de compreender não apenas as dificuldades econômicas mas a sua própria vocação. Em um momento de grande dificuldade, a empresa se fez criativa, gerando um período próspero e inovador.

Os valores, chamados de crenças pela Natura, e a visão original da empresa foram reforçados, tornando-a mais consciente do seu propósito. As seis crenças foram surgindo e se harmonizando de modo a expressar a ética da empresa: a importância das relações, o compromisso com a verdade, o aperfeiçoamento contínuo, a diversidade como geradora de vitalidade, a afirmação da beleza sem estereótipos e manipulações, a empresa como promotora do enriquecimento social.

> *O ano de 1992 foi muito difícil do ponto de vista operacional, com nossos piores resultados econômico-financeiros. No entanto foi um ano muito criativo para a empresa. Desenvolvemos o conceito da linha Mamãe & Bebê, objetivando o fortalecimento do vínculo existente entre mãe e filho com base em um método de massagem. Ampliamos a linha Chronos, cujo posicionamento viria a revolucionar o mercado de cosméticos com o conceito da mulher bonita de verdade.*

Entre 1993 e 1997, a Natura cresceu 5,5 vezes. Destaca-se, em 1996, o *market share* de 13,7%, contra 9,7% em 1992,[17] e o lucro de US$20,4 milhões, que representou rentabilidade de 28,3% sobre o patrimônio. Trata-se de uma marca impressionante, pois significa que, mantidas essas taxas, o acionista recupera o capital investido a cada quatro anos. Por essa performance, a revista *Exame* escolheu a Natura como a Melhor Empresa do Setor de Higiene e Cosméticos por três anos consecutivos: 1997, 1998 e 1999. Em 1998 acumulou esse título com o de Empresa do Ano. Em um mercado aberto à competição estrangeira, os resultados da década de 1990 foram de fato extraordinários.

Esse também foi um período de ampliação da ação social, orientada a partir das crenças. Entre outras iniciativas, foi criado, em 1995, o Programa Crer para Ver, com o objetivo de contribuir para a melhoria do ensino público no Brasil. Trata-se de uma linha de produtos exclusivos, cujo lucro sobre a venda é investido em projetos educacionais na área pública, prioritariamente no aperfeiçoamento da leitura e da escrita. Atualmente, os produtos dessa linha são comercializados nos demais países da América

Latina, beneficiando organizações não governamentais e instituições locais com foco na educação.

A *razão de ser* Natura – promover o *bem estar bem* – consolida-se em 2000. *Bem estar* é a relação harmoniosa do indivíduo consigo próprio, com seu corpo. *Estar bem*, a relação empática, bem-sucedida, prazerosa do indivíduo com o outro, com seu mundo. *Bem estar bem* é a dinâmica decorrente da interação dessas relações. Como fruto do contato cada vez mais profundo da empresa com esse conceito, surge uma nova marca. Parte da representação concreta e detalhada de uma flor, a mais preciosa inspiração na busca do belo, para se transformar num desenho leve e ritmado que mostra a delicadeza, a energia e o calor humano das relações que procuram o *bem estar bem*.

O símbolo é um desenho orgânico que se move para dentro e para fora, sem nunca terminar esse movimento. É a expressão gráfica do *bem estar bem*, da relação eterna do indivíduo consigo mesmo e dele com o mundo, de forma harmoniosa, numa dança sem fim, viva, imperfeita e bela, em permanente evolução. As cores não são frias. Elas vêm do sol, riqueza abundante em nosso país, e do afeto e humanismo que inspiram e permeiam as relações da Natura.

Naquele momento, o lançamento de uma linha de produtos foi um verdadeiro divisor de águas na história da empresa: a Natura Ekos.

Figura 3.7 A marca Natura criada em 2000.
Fonte: Memória Viva Natura

Independentemente das características inovadoras dos produtos dessa linha, o conceito no qual ela se apoia espelha definitivamente a proposta segundo a qual a Natura se desenvolveu desde o início de sua trajetória empresarial. O compromisso com a sustentabilidade, aliado a todos os aspectos do *bem estar bem*, toma forma nos produtos Natura Ekos, desde a utilização de princípios ativos brasileiros, adquiridos de acordo com todos os preceitos de desenvolvimento sustentável, até a adequação da linguagem adotada para comunicação da linha.

A reformulação da marca Natura surgiu no momento em que a empresa também se consolidava como a maior do Brasil na área de cosméticos. A nova marca sinalizou também o crescimento da empresa na América Latina e a construção do Espaço Natura Cajamar, que neste livro merece um capítulo próprio, mais adiante.

Os anos 1999 e 2000 foram de grandes investimentos na finalização da construção da fábrica de Cajamar, na região metropolitana de São Paulo, para o aumento da capacidade produtiva e maior integração das operações logísticas. Quando o prédio foi inaugurado, em 2001, a sensação dos gestores da Natura era a de que tinham exagerado no tamanho do espaço. Os jardins não estavam todos prontos, muitos andares ainda não tinham recebido os móveis. Os gestores se perguntavam se tinham sido excessivamente otimistas. Luiz tinha certeza que não.

O retorno do investimento, no entanto, não veio como imaginado nos primeiros meses. Com uma estrutura mais cara, o negócio exigia maior contrapartida do volume de vendas, o que não aconteceu. A desvalorização cambial ocorrida em 1999 encareceu a compra de componentes importados para os produtos do portfólio da empresa. Também no início dos anos 2000, a Natura realizou investimentos relevantes, como a implantação do SAP, a criação de seu portal na internet e a compra da Flora Medicinal J. Monteiro da Silva, tradicional laboratório do Rio de Janeiro da linha de fitoterápicos. Mas toda a preocupação com a grandeza do investimento na nova fábrica não teve justificativa. Três anos depois da inauguração do Espaço Natura Cajamar, já estava sendo construído nele o segundo almoxarifado vertical (AV).

Nesse período, a Natura viveu um momento especial, com o sucesso da linha Ekos e a abertura de capital em 2004 na Bolsa de Valores de São Paulo. Sua opção foi entrar no Novo Mercado da Bovespa, que tem maiores exigências de governança corporativa e respeito ao acionista minoritário, requisitos que a Natura vê como valores. O grande desafio, ao pulverizar a propriedade da empresa, é equilibrar as inevitáveis pressões por resultados de curto prazo com a lógica da Natura de construção de valor.

> *A consciência do tempo passando (e eu já tendo ultrapassado o meio século...) impunha que cuidássemos do processo sucessório na gestão da Natura. Das alternativas possíveis, desde sempre eu preferia o caminho da profissionalização mais ampla possível da empresa, com o que tanto Pedro quanto Guilherme concordavam plenamente. Havia algo de intuitivo em minha preferência, mas não era só isso... Embora conhecidos e elogiáveis os exemplos de empresas familiares que crescem saudáveis, preparando para uma gestão competente seus sucessores ao longo das gerações, sabe-se que esse é um grande desafio. No caso de empresa controlada por multifamílias, como é o nosso, o desafio se amplia consideravelmente. Além disso, pessoalmente eu acreditava ser um risco para a identidade dos herdeiros ter que assumir o lugar de patriarcas de forte presença tanto nas famílias quanto na empresa. Parecia-me também um fator de possível desmotivação para os colaboradores ajudar a construir uma empresa cuja presidência poderia ser exercida por alguém sem os devidos méritos. Com tudo isso em mente, nos parecia que levar a Natura a mercado reforçaria a tendência rumo à profissionalização, democratizaria um pouco a propriedade e seria um mecanismo atenuador de tensões do ponto de vista da concentração de capital nos momentos de sucessão. Começamos, assim, com antecedência, a organizar a abertura de capital da Natura.*

A Natura instituiu o Conselho de Administração em 1997. Embora houvesse um conselho com outros objetivos, criado na reorganização de

1990, a sua função agora era preparar o processo de abertura de capital e a boa governança corporativa.

> *Guilherme teve um papel fundamental nesse processo. Ele se debruçou sobre os procedimentos formais, a criação dos estatutos, o funcionamento do Conselho de Administração, os princípios de governança... Enfim, com sua obstinação fomos nos organizando até a abertura do capital, que ocorreu de forma muito bem-sucedida, mesmo que à época muitos não considerassem a ocasião oportuna.*

A abertura de mercado teve, como tudo na vida, o seu "lado sol" e o seu "lado sombra". Reforçou a necessidade de a empresa se comunicar com o mercado sistemática e disciplinadamente, de ter cada vez maior transparência e fazer um esforço contínuo de buscar a melhoria permanente. Ao se tornar pública, a empresa passa a ter outro nível de cobrança e de diálogo de todos os seus *stakeholders*. Esse processo garante a institucionalização da empresa, no sentido de lhe exigir uma longevidade maior. Esse é o "lado sol" da abertura do capital.

O "lado sombra" da IPO é que ela aumenta, às vezes de forma desequilibrada, a pressão pelo resultado de curto prazo, à medida que a empresa passa a reportar ao mercado os resultados trimestrais. A preocupação com resultados sempre existiu na Natura, mas o grande motor – e, muito menos, o indicador principal de avaliação – não era um horizonte de tempo tão curto como um trimestre. E não tem sido raro no meio empresarial, nacional e internacional, o fato de projetos de médio ou longo prazo serem comprometidos pelas armadilhas impostas pelo curto prazo.

> *Passados sete anos da IPO, nossa avaliação do que ela representou para a evolução da empresa continua muito positiva. Evidentemente, a complexidade para a gestão cresceu de forma significativa. É preciso conciliar a pressão de mercado de curtíssimo prazo com as visões de futuro, a permanente construção da marca, a inovação no sentido mais amplo da palavra, além de grande atenção e esforços*

para a ampliação do portfólio de produtos com conceitos inovadores, que correspondam à razão de ser da empresa e ao desejo crescente de novidades no campo do bem-estar e da beleza, contínua aspiração de nossas consumidoras.

Em fins de 2004, a Natura viveu o processo da sucessão de sua presidência. Desde 2002, dois executivos eram vistos de forma diferenciada pelo triunvirato como potenciais sucessores para a presidência, até então coexercida pelo *Três*. Um deles contribuiu enormemente para o crescimento e a organização da empresa na década de 1990. O segundo, criado na casa, estava estabelecido na Argentina entre 2002 e 2005 com o desafio de coordenar as operações naquele país, bem como no Chile e no Peru. Voltou ao Brasil para assumir a presidência da empresa, no início de 2005. O primeiro candidato deixou a empresa um pouco antes. A integração entre a plena identificação com os valores da empresa e o conhecimento da estratégia do negócio foi o ponto-chave da decisão da escolha do novo presidente.

A passagem das pessoas por uma organização e a determinação do seu ciclo nas funções empresariais são fatores relacionados não somente ao tempo e à carreira profissional, mas a todo um contexto, que envolve dimensões pessoais, organizacionais, conjunturais e, também, contingenciais. O desafio de conciliar os objetivos individuais com os organizacionais perpassa as teorias da administração desde os seus primórdios, com a Escola de Relações Humanas. Temperamentos e competências individuais se mesclam com demandas organizacionais e exigências do ambiente externo, configurando um campo energético de diferentes vetores a influenciar um processo decisório.

Decisões podem ser tomadas ora por um lento processo de amadurecimento, ora por um inesperado acontecimento externo que as precipitam. Tal qual uma fruta madura que não faz esforço para despedir-se da árvore que a hospedou, decisões maduras parecem não representar grandes rupturas. Entretanto, muitas vezes a fruta é arrancada da árvore por força de um vendaval ou de um desejo irresistível, precipitando-se a sua colheita e, nesse caso, para não haver prejuízo, é preciso ter alguns cuidados especiais. Por outro lado, usar artifícios para que a fruta permaneça na árvore por tempo maior do que seria o adequado também pode ser prejudicial. A fruta pode perder o viço, dar sinais de apodrecimento e impedir que novas pequenas frutas apareçam naqueles galhos.

Saber o momento certo da decisão constitui desafio sempre presente no universo das empresas. Como fazer a transição de lideranças no melhor momento? Quando os fundadores e controladores da empresa devem se afastar da gestão? Colher o fruto maduro não dói. Ele se solta do galho sem ser arrancado, sem dor intensa. Porém, quando a árvore se percebe sem o seu fruto mais belo ou o fruto se sente fora do lugar protegido da árvore-mãe, a dor aparece, ora suave e calma, ora intensa e dilacerante. Colheita prematura exige o cuidado de promover o amadurecimento fora da matriz alimentadora. E colheitas atrasadas implicam perdas irreparáveis. Fato é que o ciclo da vida exige que o fruto se solte quase naturalmente. Descobrir o seu tempo certo é o desafio maior.

> *Há um aspecto da brasilidade, do homem brasileiro, ressaltado por Sérgio Buarque de Holanda em* Raízes do Brasil, *com o qual sempre me identifiquei. Trata-se da cordialidade. Essa propensão para a sentimentalidade, para trazer sempre o coração para as mais diversas instâncias das relações sociais, pode representar um anseio excessivo de conciliação, de unanimidade, de harmonia de pensamentos, dificilmente realizável na vida prática, já que é profundamente contraditória com a diversidade das pessoas em seu modo de ser, pensar e sentir.*
>
> *Venho refletindo há muito sobre como viver essa característica no seu lado mais iluminado – como um dom, que cultiva a alegria da "convivialidade", da cocriação e construção, lutando contra sua sombra, que evita confrontos necessários ao aperfeiçoamento, que impede a sinceridade, que enche de não ditos os corações, originando ressentimentos que intoxicam as relações. Esse tema me parece emblemático para a gestão de empresas, especialmente no Brasil e, em geral, nos países latinos.*

Entre nós três conseguimos evoluir, com mútuo respeito, buscando ultrapassar as divergências com diálogos esclarecedores e desprendimento, visando o bem da companhia. No pós-fusão exerci por um período a presidência, e Guilherme, a vice-presidência da Natura. Na reorganização que empreendemos a partir de 1990, instituímos a copresidência, em que nós três tínhamos contempladas nossas respectivas importância e representação, em uma empresa sintonizada com os valores do século XXI.

Evoluíamos, assim, do modelo tradicional do presidente heroico e solitário para o compartilhamento solidário das responsabilidades sobre os destinos da empresa entre seus três mais importantes gestores e líderes. Em um movimento subsequente, Guilherme e eu nos concentramos no Conselho de Administração, cabendo ao Pedro a presidência operacional. Além de sua grande competência e inesgotável capacidade de trabalho, Pedro representava também o pensamento de Guilherme e o meu.

No Brasil, a empresa crescia à medida que exponencialmente cresciam as evidências de que nosso modelo civilizatório precisava ser passado a limpo, impondo ações à empresa socialmente responsável. Ao mesmo tempo, alguns impasses que vivemos no enfrentamento da crescente complexidade da gestão da Natura sugeriam como melhor caminho que Pedro se unisse a nós no Conselho e fosse escolhido um novo presidente para conduzir a empresa.

Provavelmente vivemos nesse período o maior desafio no que se relaciona à conciliação de nossas visões. O sentimento que eu tinha era que corríamos o risco de fazer escolhas que nos desviariam do caminho que faria a Natura vir a ser aquela que somente ela poderia ser, como se estivéssemos perdendo o contato com sua alma. Tempos árduos a nos fazer lembrar que a vida é feita de luz e sombra. Que somos humanos, lutando sempre para evoluir, mas sujeitos a provações que às vezes surgem do nada!

A duras penas, vencemos! Costumo dizer que viver é buscar a cura. E a grande cura para nossa existência é encontrar significados.

Quanto maior o sentido, quanto mais ampla sua abrangência, maior o sentimento de felicidade, de completude. Acredito que, convivendo, devemos buscar a possibilidade de nos perceber como testemunha um do outro e assim representarmos uma ajuda mútua para que cada um tenha melhor condição de se curar de suas sombras. No nosso caso, independentemente da longa história de sucessos e conquistas e da grande amizade, tenho certeza de que o significado maior de nos mantermos no controle desta empresa é a visão de futuro, individual e coletivo, que nos une.

Um novo ciclo da empresa se estruturava: o *Três* voltava a interagir no mesmo patamar, ou seja, Luiz, Guilherme e Pedro estavam novamente juntos no Conselho de Administração. O *Três* no Conselho, a IPO e um novo presidente – Alessandro Carlucci, o escolhido, prata da casa, colaborador da empresa desde 1989, logo após a fusão das empresas sob o nome Natura.

Ainda estudante de administração na Faculdade Getúlio Vargas de São Paulo, Alessandro fazia estágio na Pirelli havia dois anos quando percebeu que não se identificava com a cultura da empresa. No penúltimo semestre do curso, um professor pediu para os alunos fazerem uma redação sobre a relação de cada um com o trabalho. Alessandro escreveu sobre valores, e sua redação atendeu ao objetivo do professor, cujo nome é César Melo. Ele indicou Alessandro para a área de recursos humanos da Natura, e Antonio Carlos Freire de Oliveira, diretor comercial, o convidou para trabalhar na empresa.

Era 1989. Na época, a Natura não era conhecida como hoje e Alessandro não tinha muitas informações sobre a empresa. Conhecia o desodorante Sr. N e lembrava que uma amiga de sua esposa era casada com um dos sócios. Optou pela Natura porque já não estava feliz na Pirelli e, como já tinha um filho, precisava estar empregado. Sua família, que morava na Itália, seu país de origem, queria que ele ficasse na Pirelli, uma empresa italiana. Alessandro foi para a Natura, como costuma dizer, "por acaso". Seu cargo inicial foi de analista de suporte comercial. Mal sabia ele que se tornaria presidente quase 16 anos depois.

> *Tínhamos alternativas entre gestores de grande competência e que fizeram inestimáveis contribuições para a Natura, entretanto a nossa decisão foi investir no Alê como futuro presidente por uma questão mais subjetiva. Víamos espelhado no Alê o jeito Natura de ser, aquele com o coração mais próximo do coração da Natura, aquele com sensibilidade mais aguçada para pressentir a alma da empresa. Independentemente da grande competência no emprego dos mais avançados instrumentos de gestão, nossa ênfase na escolha do Alê se baseava justamente naqueles dons.*

Pesquisa de um dos autores deste livro em conjunto com um grupo da Wharton School[18] revela que todos os 54 presidentes entrevistados de empresas brasileiras que integram o *ranking* das 100 melhores e maiores do país relataram enfaticamente a importância da consistência de atitudes e valores com os da empresa. Mas apenas dois presidentes tinham história verdadeira para relatar de executivos que não foram promovidos ou, mais do que isso, foram demitidos por ter um perfil incoerente com os valores da empresa. Duas entre 54 empresas. Aqui a Natura se distingue da maioria.

Alessandro Carlucci assumiu a presidência no primeiro trimestre de 2005. Segundo a sua própria avaliação, o modelo de administração, pelo qual ele se sentia corresponsável, até então era magnetizado pelo poder decisório do *Três*. O grupo executivo trabalhava para encaminhar as decisões tomadas pelo *Três*. Com a retirada do triunvirato para o Conselho de Administração, a Natura passou a ter um presidente novo, mas mantinha-se o sistema da gestão anterior. Foi contratada à época uma empresa de consultoria que fez um ótimo diagnóstico do modelo de gestão, mas não conseguiu ajudar na implementação do necessário processo de mudança.

De um lado, seria impossível para Alessandro (e para qualquer gestor) ser a síntese do *Três* e substituí-lo à sua imagem e semelhança. E, mesmo que fosse possível mimetizar o perfil de três personalidades tão diferentes, não era esse o desejo de Alessandro – nem de Luiz, Guilherme e Pedro. Tratava-se de um modelo, muito bem-sucedido, mas que correspondia a um ciclo da empresa que se encerrava. De outro lado, o grupo executivo mantinha-se fiel ao estilo de Alessandro de articular com a liderança do Conselho e ser especialmente fiel aos valores Natura, que correspondem, de fato, aos seus valores pessoais.

Da IPO até novembro de 2006, as ações da empresa se valorizaram quase 300%. Nesse período, toda a Bolsa de Valores de São Paulo teve excelente desempenho, mas os números da Natura impressionaram. Enquanto ela se valorizou 296% no período, o Ibovespa subiu 109%, e o IBX, 142%. O excelente resultado foi atribuído por analistas de mercado a uma combinação sem precedentes de capacidade de inovação, valor da marca para os consumidores e força do canal de vendas. O valor da ação da Natura, de R$36,50 no lançamento (em 25 de maio de 2004), chegou a R$125 em 30 de março de 2006, quando as ações foram desdobradas. Se utilizarmos o preço da ação ajustado por proventos e pelo desdobramento, ela iniciou a sua história no valor de R$5,62 e chegou, apenas dois anos depois, a R$25,56.

Com crescimento acelerado, a Natura se tornava uma organização cada vez mais complexa, o que envolvia a gestão de novos desafios. Em 2007, a receita da empresa no Brasil aumentou 9,5%, quase o dobro do crescimento do PIB naquele ano, mas abaixo da expansão do mercado. Com a empresa exposta aos investidores externos desde que suas ações passaram a ser negociadas na Bolsa de Valores de São Paulo, era grande a pressão por melhores resultados financeiros de curto prazo. Foi nesse período que o valor da ação ficou abaixo das expectativas do mercado, chegando a 50% da cotação máxima.

Em comparação com os índices da Bovespa, ocorreu o contrário da fase 2004-2006: de novembro de 2006 a março de 2008, a Natura perdeu 38,9% do seu valor de mercado, enquanto o Ibovespa valorizou-se 47,3%, e o IBX, 49,4%. Foi um susto. No quarto trimestre de 2006, pela primeira vez, os resultados da empresa desapontaram. O Ebitda caiu nove pontos percentuais em comparação a igual trimestre do ano anterior, enquanto a expectativa do mercado era de um crescimento próximo da média histórica, de cerca de 25%. O lucro líquido daquele ano, ainda assim, foi 16,1% superior ao de 2005 – ou seja, nominalmente razoável. Mas o resultado não correspondia às expectativas dos analistas. Se, na primeira fase, a Natura valorizou-se 90% a mais do que o Ibovespa, na segunda ela desvalorizou-se quase 60% em relação ao mesmo índice. Nesse período, sentiu fortemente o movimento da concorrência, que ganhou participação de mercado com estratégias mercadológicas mais ousadas para recuperar o espaço e o mercado que a Natura ganhou ao longo do tempo.

Nessa mesma fase, a empresa empreendeu um agressivo processo de internacionalização, que será mais discutido no Capítulo 5. Um dos desafios da operação internacional é a compatibilização com o foco nos resultados da operação doméstica. Não é raro os executivos mais seniores se encantarem com o desafio de ir para o mundo, mas em muitos países o modelo de negócio não é o mesmo que o da matriz. Além disso, raramente os primeiros cinco anos das operações internacionais são lucrativos – esse é um investimento fundeado pelo resultado do mercado doméstico.[19]

Na Natura, o canal de venda direta demanda um demorado e árduo processo de gerenciamento e treinamento de Consultoras. Não se trata de simples revendedoras, mas de Consultoras que devem compreender e saber expressar o poder que cada um dos produtos tem de promover o *bem estar bem*. O canal de vendas em um mercado novo, onde a marca não é reconhecida, exige fortes investimentos e só se rentabiliza a partir de determinado tamanho.

Junta-se a isso o crescimento agressivo da Natura nos anos anteriores, o que a colocou em situação precária no que se refere à "reserva" de pessoas bem formadas, competentes, com o *jeito Natura de ser* e que pudessem ir além dos desafios anteriormente vividos. Um grupo sênior teve o seu foco deslocado das operações domésticas, e foi difícil garantir ao mesmo tempo os resultados no mercado interno e a estratégia agressiva no mercado externo.

> Em nosso caminho tão belo e com tantas conquistas houve também aquelas experiências que nos lembram de nossa condição humana, sujeita a altos e baixos, a escolhas precipitadas ou, por que não dizer?, equivocadas.

Foi assim com nosso projeto Natura Mundi. Tanto nosso crescimento no Brasil quanto o momento do mundo (2005-2006) sugeriam expansão, internacionalização. Com o auxílio de consultoria especializada desenvolvemos um ambicioso projeto, que exigiria a mobilização do Alessandro, recém-promovido a presidente, para a área internacional. Confesso que, passados alguns meses, comecei a refletir sobre a natureza dos sonhos em nossa vida e o quanto, por vezes, podemos adotar uma ilusão como se fosse um sonho...

O sonho, por mais que pareça distante ou até impossível, precisa conter as forças que venham trazer-lhe substância, pouco a pouco torná-lo real. Na ilusão, por mais que ela pareça factível, normalmente superestimamos nossas forças, deixamos de considerar o conjunto de variáveis que influem, ou confluem, para o que desejamos alcançar.

Nessa ocasião acho que, embora tivéssemos, como temos, a "vocação", o "chamado" para nos internacionalizar além dos países em que já tínhamos operações, faltou-nos a competência para fazê-lo. Inclusive para perceber o quanto, para a complexidade de um processo como esse, consideradas as características da Natura, não reuníamos todas as condições para a empreitada, sobretudo no que se referia a pessoal.

A crise foi uma oportunidade de fazer as mudanças, pois permitiu maior rapidez no processo de aperfeiçoamento. Foi necessário tomar medidas "azedas" para a melhoria radical da produtividade. A demissão de aproximadamente 100 colaboradores foi uma dessas medidas. Houve maior foco em disciplina de custos e no aumento da produtividade, com o congelamento do *overhead* e o compromisso de perseguir metas de eficiência. Reduziu-se o portfólio de produtos a fim de simplificar a produção industrial e descomplicar o catálogo de vendas. A estratégia de expansão internacional foi revista, limitando-se os esforços a América Latina e França.

Em uma organização acostumada a crescer a taxas aceleradas, um crescimento menor frustra as expectativas, principalmente por tratar-se, desde 2004, de uma empresa de capital aberto. A postura da Natura diante da crise de 2007 chegou a provocar reações entre alguns analistas, que apontaram uma inédita agressividade na busca por resultados e um alto índice de *turnover*. Alessandro Carlucci declarou na ocasião que, se a empresa não fosse capaz de tomar as medidas que chamamos de "azedas", como demissões, ela estaria contribuindo para o estereótipo de que é impossível atender aos desafios socioambientais com soluções que gerem crescimento econômico. Toda redução de custos é "azeda" e tende a impactar o clima dentro da empresa.

Em 2007, Alessandro concluiu que era hora de fazer mudanças no grupo executivo. Ele tinha consciência dos riscos que assumia ao começar uma nova fase – com gente nova, vinda do mercado. Mas sabia também que não mudar representava um risco maior. Estava em curso uma nova geração executiva, a primeira depois do *Três*. Alessandro liderou o processo de escolha, que se iniciava pela identificação do candidato com a essência da Natura. Interessava saber quais as qualidades do candidato, se ele se identificava com a proposta da empresa e se queria fazer parte de um novo projeto que construiria um novo ciclo.

Os novos vice-presidentes (VPs) compuseram um comitê cuja missão foi liderar a empresa de forma colegiada sob a coordenação do diretor-presidente. João Paulo Ferreira foi contratado como vice-presidente de operações e logística. José Vicente Marino, de negócios. Marcelo Cardoso, de desenvolvimento organizacional e sustentabilidade. Maurício Belora ficou com internacionalização, mas saiu em 2010. Roberto Pedote assumiu as áreas de finanças, jurídica e tecnologia da informação. E, finalmente, Telma Sinício, que já não está na empresa, ficou com inovação.

Embora algumas pessoas na empresa falem que esse é o time do Alessandro, não é assim que ele vê o grupo. Para Alessandro, esse é o time da Natura, não de um presidente. Mas, sem dúvida, é um grupo formado e orquestrado por Alessandro. Não se trata de contratar pessoas para executar as decisões de um presidente, mas de formar uma equipe com espírito de corpo que, em conjunto, conduza a empresa, sempre tendo como pavimentação fundamental a sua *razão de ser* e as suas crenças.

Era evidente, do ponto de vista objetivo, que as qualidades do triunvirato formado por Luiz, Guilherme e Pedro não poderiam ser reunidas em uma só pessoa. Um novo modelo de gestão se fez necessário para manter a riqueza da diversidade do *Três*. Um modelo de gestão colegiado, que preservasse a tríplice pergunta que o *Três* expressava tão bem: A ação está alinhada com as nossas crenças e com a alma da empresa? Isso é inovador e antecipa o futuro? A ação está de acordo com o que o consumidor quer; ela trará o justo retorno do investimento? Com esse espírito, Alessandro acredita que o novo grupo executivo representa uma gestão comprometida com o *ser Natura*, independentemente de quem seja o presidente.

Ao lado das medidas "azedas", criaram-se oportunidades de crescimento e construção de novas competências, de modo a revitalizar a organização e as pessoas, o lado "doce" do ciclo "agridoce". O canal de vendas foi reestruturado, com a introdução da Consultora Natura Orientadora (CNO), que passou a acompanhar e apoiar o trabalho das Consultoras de seu grupo. As CNOs se situam entre a Gerente de Relacionamento e a Consultora Natura (CN) e seu papel é convidar novas Consultoras e motivá-las em sua atividade. Com isso, as Gerentes de Relacionamento ficaram encarregadas de trabalhos de maior valor estratégico, como o de treinamento das Consultoras e o de divulgação de novos lançamentos.

A valorização dos princípios de biodiversidade e sustentabilidade foi reforçada no processo de produção e vendas dos produtos Natura. O investimento em publicidade ganhou nova forma. Passou-se a fazer mais anúncios de produtos, e não apenas as habituais campanhas institucionais. Outras iniciativas foram o *merchandising* na telenovela de maior audiência do horário nobre e as campanhas para conquistar novas Consultoras. Além disso, implementaram-se medidas para aperfeiçoar a logística por meio da construção de novos centros de distribuição.

Como uma das causas das dificuldades enfrentadas em 2007 foi a escassez de lideranças executivas, iniciou-se um processo de formação e contratação, focado na identificação com os valores da Natura e liderado pelo próprio presidente. Para crescer é preciso ter líderes para as atividades do mercado interno e externo. A necessidade de programas específicos para a criação de lideranças tornou-se uma exigência para o desejo de expansão internacional. A formação de talentos dentro da empresa e o recrutamento de profissionais de fora são estratégias de formação de lideranças. Essas e outras medidas, desenvolvidas a partir de 2007, são descritas no Capítulo 7.

O ano de 2009 comprovou o acerto das providências empreendidas a partir de 2007. A Natura cumpriu grande parte de seus compromissos ambientais, sociais e econômicos, e aumentou o volume de vendas, realizadas por mais de 1 milhão de Consultoras, como revela José Vicente. E esse número, de fato, merece um registro histórico. No começo dos anos 1980, a empresa tinha um universo de 2 mil Consultoras. Em 2009, ultrapassou a marca histórica de 1 milhão, sendo 879.700 no Brasil e 159.200 nas operações internacionais (ver Tabela 3.1).

TABELA 3.1

Ano	Número de Consultoras
1980	2.000
1990	50.000
1997	155.000
2002	250.000
2004	400.000
2006	617.000
2007	718.000
2008	850.000
2009	1.038.900
2010	1.221.000

A ampliação do canal de vendas está diretamente relacionada com o desempenho da empresa. Em 2010, a renda média *per capita* das Consultoras foi de R$4.128. Do ponto de vista econômico, a Natura fechou o ano com receita líquida de R$5,1 bilhões. O *market share*, que era de 22,5% em 2009, evoluiu para 23,6%. A margem Ebitda foi de 24,5%. O lucro líquido atingiu R$744,1 milhões, o que representa crescimento de 8,8% em relação a 2009.

O resultado dessa performance rendeu à empresa prêmios importantes. A revista *Exame*, a mesma que publicara reportagens falando das dificuldades da Natura em 2007, a elegeu a Empresa do Ano de 2009. Outro título recebido nesse ano, e também em 2010, foi de Empresa Mais Admirada no Brasil, iniciativa da *Carta Capital*. Em 2010, pelo terceiro ano consecutivo, a Natura esteve entre as 20 empresas que realizam as melhores práticas sustentáveis do *Guia Exame de Sustentabilidade*. E o desafio continua.

4. O ESPAÇO NATURA CAJAMAR E A BUSCA DO VELOCINO DE OURO

O MITO DOS ARGONAUTAS

O velocino de ouro, de acordo com a mitologia grega, é a pele recoberta com a lã (de ouro, no caso) de um carneiro alado chamado Crisómalo. O carneiro fora enviado por Zeus para salvar da morte os irmãos Frixo e Hele, filhos do rei Átamas. Ina, sua segunda mulher, havia concebido um plano para eliminar os dois irmãos. Estava enciumada por eles serem filhos do primeiro matrimônio do rei.

Quando Frixo e Hele estavam se dirigindo para o altar do sacrifício, surgiu Crisómalo, que voou com os dois no seu dorso, com destino à Cólquida. Durante o percurso, Hele teve uma vertigem e caiu no mar, em um estreito que recebeu o nome de Helesponto, ou Mar de Hele. Frixo chegou à Cólquida. Foi muito bem recebido pelo rei Eetes, que lhe ofereceu a filha Calcíope em casamento. Frixo sacrificou o carneiro a Zeus e ofereceu o velocino de ouro a Eetes, que o cravou em um carvalho de um bosque consagrado ao deus da guerra. O velocino de Crisómalo é guardado por um dragão.

O velocino de ouro era o objeto de conquista dos argonautas, intrépidos navegantes liderados por Jasão a bordo da nau cujo nome era *Argos*. Para recuperar o trono de Iolco, usurpado por seu tio Pélias, Jasão organizou uma vitoriosa expedição, cheia de desafios e aventuras. Com a ajuda da feiticeira

> Medeia, que por ele se apaixonara (como Ariadne, que ajudara Teseu a sair do labirinto), os argonautas vencem desafios impossíveis e Jasão se apossa do velocino.
>
> Os argonautas simbolizam aqueles que se concentram intencionalmente na situação presente e na recordação de tudo que a ela se relaciona, a fim de orientar seus esforços na direção de objetivos práticos, pautando-se em uma lógica concreta e pragmática.[20]

A construção do Espaço Natura Cajamar foi, simbolicamente, a conquista do velocino de ouro. Não que um pedaço de lã de ouro fosse a meta dos argonautas que travaram a difícil missão de construir a nova sede da empresa, inaugurada em 11 de maio de 2001. O simbolismo vem de que, da mesma forma que no mito o velocino deu a Jasão a posse do trono, Cajamar permitiu à Natura crescer para patamares impensáveis em sua origem. O valor da sede de Cajamar é simbólico e intangível. O *site* industrial projetado pelo arquiteto Roberto Loeb deu corpo à alma da Natura. Exprimiu suas crenças e certificou seu compromisso com a transformação social, com a transparência nos relacionamentos e com a integração com a natureza. É uma obra que homenageia o humanismo e a beleza natural. A dimensão das construções se mistura com os agradáveis perfumes exalados em várias partes do *campus*. Os detalhes vão se revelando pouco a pouco e atribuem dimensão humana a uma fábrica onde, nas empresas tradicionais, costuma imperar o pragmatismo da lógica industrial com a sua frieza característica.[21]

Localizado no município de Cajamar, na região oeste da Grande São Paulo, a 30km da capital, o Espaço Natura tem 77.000m² de área construída em um terreno de 678.000m². O terreno forma um vale em relação à Rodovia Anhanguera e é cortado pelo Rio Juqueri e pela Ferrovia Perus-Pirapora, desativada em 1983. Não há muros cercando a fábrica. Suas estruturas permitem que os colaboradores trabalhem em meio a uma paisagem formada por uma área de árvores nativas da Mata Atlântica.

O novo espaço reuniu as várias unidades dispersas em São Paulo: a fábrica de cosméticos de Itapecerica da Serra, o centro de logística e distribuição de Santo Amaro, os laboratórios de pesquisa e as áreas administrativas. Hoje, o Espaço Natura já encontra limitações (principalmente nas áreas administrativas), geradas pelo grande crescimento que ele próprio ajudou a construir. Em Itapecerica da Serra, funciona atualmente um dos cinco centros de distribuição, além de parte da área comercial e de atendimento. Em 2007, foi aberta a primeira fábrica Natura fora de São Paulo, com a inauguração da Unidade Industrial Benevides, no Pará, voltada à produção de sabonetes vegetais.

O Espaço Natura em Cajamar pode ser comparado a uma pequena cidade. Seu modelo arquitetônico lembra um museu de arte moderna. São 12 edifícios independentes e com projetos diferentes entre si para marcar a sua função. Quase todos usam vidro transparente como fechamento, formando volumes que não impedem a vista da paisagem. A metáfora de uma minicidade projeta a ideia de uma comunidade com valores, objetivos e rituais em comum. Os colaboradores podem deixar as crianças na creche ou as roupas para lavar, podem ir ao banco, consultar livros, revistas e jornais na biblioteca, ir com a família ao clube no fim de semana.

Para quem participou do projeto de construção do novo espaço, a história traz a certeza de que é possível realizar sonhos, transformar utopias em realidade e superar grandes e angustiantes tensões e desafios. Essa história começa em junho de 1996. O forte crescimento da Natura na década de 1990 promoveu o desejo da empresa de aumentar a sua capacidade de produção e de desenvolvimento. A primeira hipótese considerada foi ampliar o espaço da fábrica de Itapecerica da Serra, em São Paulo. Mas, por ser uma região de mananciais, não era possível aumentar a área construída. A solução seria buscar um novo local que abrigasse as instalações logísticas e de produção conjuntamente.

O passo seguinte foi buscar um espaço já construído que atendesse ao notável crescimento da empresa e às promissoras perspectivas de crescimento futuro. Alguns prédios foram visitados, mas nenhum deles atendia às expectativas. Descartada a possibilidade de um espaço pronto, a solução foi procurar um terreno e nele fazer uma nova fábrica. Essa alternativa deu à Natura a chance de fazer do seu jeito. Ao abrir a possibilidade de começar do zero, nasceu a oportunidade de sonhar com a fábrica ideal, aquela que corporificasse o *bem estar bem* e as crenças da empresa. Uma equipe então foi designada para iniciar a fase de pesquisa e investigação, a partir da convicção de que era preciso esquecer o que existia em Itapecerica e iniciar tudo do zero, sobre uma folha em branco. Sonhar e fazer do sonho realidade.

Do ponto de vista técnico, foi estabelecida uma exigência: o terreno deveria ter disponibilidade de água e ser situado próximo do centro de São Paulo, preferencialmente em uma rodovia que facilitasse o escoamento da produção. Do ponto de vista industrial, já que seria construída uma fábrica nova, era preciso partir do que existisse de mais moderno na indústria de cosméticos. Com a ajuda de uma consultoria de origem alemã, foram delineados os primeiros projetos de engenharia, a partir de uma pesquisa mundial sobre o que havia de mais avançado em tecnologia, conceitos e procedimentos da indústria de cosméticos.

Encontrar o terreno não foi tarefa fácil. Depois de visitar mais de 20 opções e de recusar propostas de outros estados do Brasil, inclusive com vantagens fiscais, a escolha recaiu sobre São Paulo, o berço que abrigou o crescimento da empresa. Em abril de 1996, surgiu a opção de Cajamar, na beira da Rodovia Anhanguera, próximo ao Rodoanel Mário Covas. O local, uma grande área verde, tinha em seu interior um sinuoso rio e uma pequena ferrovia desativada. A topografia era acidentada e curvilínea. Embora não fosse aparentemente o local ideal para uma fábrica, foi justamente o que encantou a liderança da Natura: a topografia era humana. Seus morros e desníveis davam o tom de humanismo, um dos valores que inspirariam o projeto, mesmo que contrariasse os padrões de instalação de uma fábrica tradicional. Não seria mesmo uma fábrica tradicional.

Mas havia um problema. A região de Cajamar era famosa pela precariedade do seu solo para construções. O chamado "buraco de Cajamar" foi ocorrência de um colapso repentino do solo em agosto de 1986. A região apresentava riscos consideráveis de movimentação do solo. Esse dado exigiu investigações geológicas. Mas elas não identificaram no solo nada parecido ao que ocorrera na cidade de Cajamar. Havia potencialidade de exploração do lençol freático para a fábrica, sem riscos. Estava dado o aval técnico para a compra do terreno.

> *A Natura completara 27 anos quando adquirimos o terreno de Cajamar, onde viríamos a construir o espaço tão fundamental para a expressão física de nossa visão empresarial. Sincronicamente, foi com essa mesma idade que eu tive o privilégio de fundá-la.*

Em julho de 1996, a Natura abriu o processo de licitação do escritório de arquitetura que iria desenvolver o ousado projeto. Seria vencedora a proposta que melhor conseguisse dar corpo ao espírito da Natura: uma fábrica inovadora, de tecnologia de ponta, que ao mesmo tempo valorizasse a natureza, as relações, as pessoas e traduzisse a beleza, o equilíbrio e a humanidade que a empresa tanto valoriza. A concorrência para a escolha do projeto atraiu 30 escritórios de arquitetura, dos quais cinco foram pré-selecionados e convidados a apresentar maquete, plantas e perspectivas. Desse grupo, a Natura escolheu três para desenvolver os estudos e os remunerou por isso. O escritório do arquiteto Roberto Loeb foi o eleito ao fim do processo.

A equipe de Loeb investiu tempo e energia para conhecer os processos de uma fábrica de cosméticos, compreender a sua logística e, especialmente, os valores da empresa. Centenas de horas de reuniões foram necessárias para integrar o que no universo industrial parece impossível: estética com praticidade, beleza com logística, humanismo com produtividade. Construir uma fábrica que conjugasse a mais alta tecnologia na fabricação de cosméticos com os valores de humanismo, relacionamento, qualidade, equilíbrio, transparência e sustentabilidade era o desafio da construção em Cajamar. A decisão era criar uma estética ligada à ética da utilização do espaço.

Em 1997, as obras foram iniciadas. Os mesmos valores que a Natura lutava por ter no seu *jeito de ser e de fazer*, ou seja, na sua cultura, ela queria ver na arquitetura e na fase da construção. O impacto ambiental foi monitorado atentamente de modo a administrar a inclusão de 2 mil pessoas à região. Da área total do terreno, 89% permaneceram cobertos pela vegetação. Parte da mata nativa que deu lugar ao complexo foi recomposta.

A preocupação com o terreno e suas peculiaridades geológicas seguia paralelamente ao desenvolvimento dos projetos. Na sondagem de número 125, em janeiro de 1998, uma surpresa: detectou-se uma falha no interior do solo, na parte do terreno onde havia a construção do almoxarifado vertical (AV) e do *picking,* prédio da expedição, que concentra as operações de distribuição dos produtos e recebimento dos materiais. O AV é um edifício metálico, totalmente automatizado, onde as matérias-primas e o produto final ficam armazenados.

Esse armazém é o maior do país e conta com a mais avançada tecnologia de gestão de estoque, com processos totalmente automatizados. São 31m de altura, 30,5m de largura e 120m de comprimento. Integrado em um ambicioso projeto de logística, o AV utiliza equipamentos de leitura óptica que, em cada uma das prateleiras, leem os códigos de barra dos produtos requisitados. Toda a movimentação é controlada por *softwares* que identificam os locais exatos dos paletes, bandejas de madeira que contêm caixas de produtos embalados. Os carros automáticos, conhecidos como transelevadores, percorrem uma malha de trilhos para guardar e retirar, de forma organizada e eficaz, as caixas com os produtos, também por meio de leitura óptica.

Foi a precisão digital do almoxarifado vertical que alertou os técnicos, tempos depois, para o fato de que o fenômeno do solo de Cajamar não era tão simples como os estudos geológicos haviam previsto. Esse armazém tombou alguns centímetros, o suficiente para impedir a leitura óptica dos códigos de barra, por causa da perda de nivelamento. Momento de apreensão. Teoricamente, havia riscos às edificações e também à segurança das pessoas que trabalhavam ali. Mesmo antes da inauguração, parte da fábrica já estava em funcionamento e pessoas circulavam pelo terreno. Assim, no ano 2000, a Natura constituiu um *board,* formado pelos melhores profissionais brasileiros e estrangeiros de comprovada experiência e elevado conhecimento, para enfrentar os problemas detectados, estancar o assentamento do solo e garantir a segurança das pessoas.[22]

O diagnóstico final apontou que, por baixo das camadas de superfície, havia o equivalente a cavernas preenchidas por um solo de baixa resistência, passíveis de colapso provocado pelo rebaixamento do lençol freático ou por carregamentos externos, como o peso de aterros novos. Os estratos profundos da região são formados por rochas calcárias, que estão sujeitas à dissolução quando há percolação de água, dando origem a buracos. Fenômeno semelhante no Brasil aconteceu em dois casos, entre as regiões de Cajamar, São Paulo e Santana do Parnaíba. Em todos eles, as edificações foram abandonadas. Não seria essa a opção da Natura. Os problemas existem para ser resolvidos. A Natura viveu nesse momento um limite que exigia preparo e coragem para ser superado. Não era o caso de abandonar o projeto.

A maturidade da liderança, a sua competência em enfrentar esse enorme problema estava sendo posta à prova. Um líder maduro reconhece e lida com a precariedade de seu conhecimento, pois entende que os fenômenos ultrapassam em muito a capacidade humana de tomar consciência deles. Um líder sabe que, mesmo para a ciência, não há meios de se obterem certezas definitivas. A ciência é uma forma de conhecimento útil para nortear as escolhas do ser humano para sobreviver, viver e viver bem, mas não para afastar as incertezas ou os riscos que são inerentes ao ato de empreender. Tomar como certeza o que a experiência atesta como provável é um dos maiores erros de um ser humano, seja na condição de líder, seja na de cientista. A dificuldade do ser humano de lidar com a insegurança diante do mistério tende a levá-lo a considerar o conhecimento da ciência como dogma, algo de que não se duvida. A decisão da Natura em investir na pesquisa, confiar em uma solução e desvendar o problema demonstrou a capacidade de sua liderança de lidar com a incerteza e toda a apreensão decorrente da condição de não saber.

O problema do solo de Cajamar era muito sério e poderia colocar o sonho e todo o investimento, de US$100 milhões, em cheque. Foi identificada uma empresa americana de geotecnia que havia obtido sucesso em alguns trabalhos de recuperação de solo. Entretanto, os problemas enfrentados nos Estados Unidos tinham características muito diferentes do caso brasileiro. Enquanto lá os fenômenos geológicos ocorreram a cerca de 10m de profundidade, em Cajamar o efeito acontecia a 60m, 80m. Não havia, de fato, nem teoria nem prática na experiência americana para resolver o problema do Espaço Natura.

O DESAFIO DAS ROCHAS AZUIS

No mito de Jasão e o velocino de ouro, os argonautas viveram um desafio parecido com o da fábrica de Cajamar. Nas costas da Trácia, a nau precisava passar entre as Pedras Azuis, recifes móveis que se entrechocam, também denominados Simplégades. O risco de os rochedos se moverem em direção ao navio era muito grande. O adivinho Fineu recomendara a Jasão que enviasse uma pomba antes de passar com o navio. Se ela conseguisse transpor a passagem, eles poderiam seguir sem perigo. Mas se os rochedos se fechassem sobre a pomba o mais prudente seria abandonar o empreendimento. Ao alcançar as Simplégades, soltaram a pomba. As Rochas Azuis se fecharam sobre a ave, que conseguiu franquear a passagem, embora as pedras lhe tenham apanhado as penas mais longas da cauda. Os heróis esperaram que os rochedos se afastassem e lançaram a nau à frente, remando com toda a sua força. Apenas a popa da nau *Argos*, como a cauda da pomba, foi ligeiramente atingida. Após essa passagem vitoriosa, as Simplégades se imobilizaram, cumprindo uma antiga profecia segundo a qual elas não se moveriam depois que um navio passasse por elas.

O aparecimento daquelas crateras profundas representou um dos imprevistos mais surpreendentes e preocupantes de nossa história. Foi um susto imenso, dessas ocasiões que fazem pensar no título de uma crônica de meus tempos de juventude, "Ciladas que a vida prepara". O grande risco era perdermos todo o investimento feito, de cerca de US$100 milhões, além do eventual impasse para a continuidade da operação. Como a

> *natureza do fato continha uma simbologia, eu comparava aquela ameaça surgida do profundo do solo com os processos de nosso inconsciente, de onde podem aflorar tanto ameaças quanto grandes soluções. Situações assim podem encerrar a carreira de uma empresa, assim como revelar a determinação e o equilíbrio emocional de sua gestão.*

Ainda assim, em 2000, a Natura decidiu adotar a solução já utilizada pelos americanos: a injeção de concreto de baixa mobilidade nas cavidades da rocha. A medida não deu certo. Pior, ela acelerou o recalque do terreno e aumentou o risco de segurança. Foi então que a equipe de engenheiros brasileiros formada para solucionar o problema, liderada por Itamar Correia, vice-presidente de operações e logística na época, demonstrou criatividade e espírito científico ao propor uma solução diferente e inovadora: injetar massa de cimento em alta pressão que, misturada ao solo, geraria um "barro acimentado", capaz de dar resistência e preencher os espaços vazios. A solução foi um sucesso. Todas as áreas do terreno que apresentavam falhas receberam esse tratamento. O AV teve a sua base de concreto corrigida para o nível correto e, desde então até hoje, a leitura óptica dos códigos de barra é realizada com perfeição.

Assim como no mito grego, as "Simplégades" não mais se moveram. A vitória da equipe de profissionais formada pela Natura para resolver o problema é um exemplo de inovação, pioneirismo e protagonismo da engenharia nacional. Até hoje seus membros se reúnem uma vez por mês em um restaurante de São Paulo. O grupo abraçou a causa com garra, energia e perseverança. O resultado de tanto esforço envolvido gerou amizades que ainda hoje são cultivadas com carinho pela equipe.

> *Como sempre nas situações-limite de nossas vidas, o fundamental é contarmos com forte energia emocional e disposição para a luta, confiantes em que pouco a pouco as soluções serão encontradas. Como diz a sabedoria popular, "Deus dá o frio conforme o cobertor". Tivemos força para suportar toda a pressão e toda a ansiedade que aquele acontecimento nos trouxe. Vencida a batalha, saímos mais fortes e mais confiantes.*

O monitoramento de alta precisão é realizado constantemente no Espaço Natura. Novas "pombas" são soltas entre as "Pedras Azuis", sem que os "rochedos" se movam. Não há riscos para quem trabalha no local, e todas as atividades estão liberadas com segurança. Foi uma vitória do trabalho, da competência, do potencial criativo de dezenas de pessoas que enfrentaram obstinadamente o desafio imposto pelo fenômeno geológico. A engenharia brasileira criou *expertise* para um problema inédito na história internacional do setor. Havia muito o que comemorar e a expectativa da inauguração aumentava.

Na noite que antecedeu a inauguração, em maio de 2001, a ansiedade de Luiz, Guilherme e Pedro era grande. Quem testemunhou isso de perto foi dona Marlene, chefe da copa, encarregada de servir o triunvirato graças à confiança conquistada em muitos anos de trabalho. Como dona Marlene cuidava da copa, era a primeira a chegar e a última a sair quando havia reunião com os presidentes. Ela preparava tudo, desde o cardápio até o serviço, tendo Gerson e Kleber como ajudantes. "Seria um evento muito grande, até o presidente Fernando Henrique estaria presente. Eu estava servindo os três, em silêncio, quando o seu Guilherme virou pra mim e disse: 'Marlene, já tem dois dias que eu não durmo. Não vejo a hora de amanhecer, estou ansioso. O que você acha que vai acontecer?' Fiquei surpresa com a pergunta, mas respondi: 'Os anjos vão descer e acompanhar tudo.' Seu Guilherme então se levantou e me deu um abraço. Isso ele nem deve lembrar, mas eu não vou esquecer nunca!"

Com muita emoção e lágrimas nos olhos, ela continuou o relato: "No dia seguinte, tinha até Exército no meio da mata, em volta da fábrica." Dona Marlene se referia à segurança que acompanhava o então presidente da República. "Tinha muitos jornalistas. Muita gente mesmo. E foi tudo um sucesso, obrigado, graças a Deus! E quando estava indo embora, já tarde, encontrei os três conversando na saída, com a Dona Lúcia, mulher do seu Luiz. Estava também a Estelinha, filha deles, que era menina na época. Seu Luiz, quando me viu, veio ao meu encontro, radiante, estendeu os braços, me abraçou e disse: 'Marlene, os anjos apareceram.' O cara, numa emoção daquela, presidente daquilo tudo, foi tão gente de vir me agradecer. Eu fiquei muito grata. E não vou esquecer nunca aquele abraço."

Palavras como as de dona Marlene demonstram que a paixão faz parte do universo da Natura. Paixão, do grego *paschein, pathos*, remete ao sentido etimológico de passividade. No latim, *passio,* o termo designa o estado ou situação de um sujeito que recebe ou sofre a influência de um princípio extrínseco. Mas a paixão traz em si o sentido de *agir*, que está ao lado do sentido de *padecer*. A ação é superior ao padecer porque ela vem de dentro para fora, enquanto o padecer ocorre de fora para dentro. Quando sou afetado por algo, tendo a reagir. As paixões apresentam como traço comum o seu caráter relacional, pois são reações de um sujeito diante de determinados objetos, pessoas ou situações. À passividade de um primeiro momento segue-se o momento paradoxalmente ativo, mais ou menos intenso, da reação.

Só existe paixão, portanto, onde há movimento, o que para os gregos era algo ontologicamente inferior à imobilidade. Onde há movimento ocorre a passagem da potência (que representa a imperfeição porque é um vir a ser) para o ato, aquilo que é. Geralmente, as paixões são consideradas negativamente, como perturbadoras da inteligência e da liberdade. Mas uma paixão pode atingir elevado grau de intensidade e concorrer eficazmente para a mobilização de todas as energias inferiores e superiores do sujeito na realização de grandes ideais que marcaram a história. Nesse sentido, a paixão, longe de se opor à inteligência e à liberdade, vem reforçar a capacidade de ambas.[23]

Faz sentido dizer que é a paixão que move a Natura, que faz a Natura ser Natura. É essa mesma paixão que deu origem à filosofia grega, quando os primeiros filósofos foram padecidos da angústia, da admiração, da dúvida[24] que os remeteu à ação de filosofar. Talvez por isso a Natura seja uma empresa que já nasceu com filosofia. E também talvez por isso a Natura compreenda que toda aprendizagem só acontece onde há emoção.

O Espaço Natura é hoje uma realidade. O sonho se realizou, transformou-se em ponte. O velocino de ouro foi conquistado. A construção desse espaço superou a falsa impossibilidade de conciliar aspectos técnicos e sensibilidade arquitetônica. Sua concepção e realização demonstraram que a criatividade pode andar de mãos dadas com rigorosos quesitos funcionais exigidos pelo imperativo técnico da indústria. Considerada à época da sua inauguração, em 2001, como um raro protótipo da fábrica do futuro, o parque industrial rompeu com a marca registrada dos espaços industriais brasileiros: galpões fechados, em espaços planos, em construções preocupadas mais com a eficiência e a praticidade industrial do que com a estética, mais atentas à produção do que aos empregados e visitantes.

> *Para mim, Cajamar é um símbolo de afirmação da identidade e da força de propósitos de uma empresa que, devido à insuficiência de recursos, nasceu com pouca chance de prosperar. É um sinal do poder que o sonho compartilhado pode ter.*

O que a Natura conseguiu realizar, a partir do trabalho de diversas equipes de várias especialidades, foi a construção de um espaço que integrou as mais altas exigências técnicas e tecnológicas a uma profunda disposição humanizadora. Quem visita o Espaço Natura expressa a sensação de que deve ser bom trabalhar lá, de que o lugar é agradável. O clima é harmônico. E, mais do que isso, o ambiente de trabalho revela os valores da empresa – esse elemento intangível talvez seja essencial para a construção do sucesso das organizações.

Predominam, no Espaço Cajamar, o concreto aparente, moldado *in loco*, o vidro e as estruturas metálicas. Tudo para manter a neutralidade e deixar que a natureza contribua com sua cor. As formas utilizadas na construção das paredes de concreto foram revestidas com tábuas, conferindo-lhe a aparência rústica que representa a mão do trabalhador. Foram utilizados 22.000m² de vidros ao longo de todo o complexo.

Para um parque industrial desse porte, é necessária uma sustentação energética e hidráulica muito grande. A construção de uma fábrica ecologicamente correta era para a Natura a oportunidade de demonstrar a viabilidade da realização de seus sonhos, de sua ambição por um mundo melhor e sustentável. A climatização das instalações, por exemplo, respondeu ao imperativo de ser ambientalmente correta. Decidiu-se pela instalação de uma central frigorífica de resfriamento de ar que produzisse água gelada distribuída para cada um dos edifícios. Como a indústria está localizada dentro de uma área verde enorme e totalmente aberta, esse modelo de climatização proporcionaria a troca do ar interno com o externo, gerando inclusive economia de água.

Nas fábricas, a climatização é feita apenas nos três primeiros metros, por meio de sistemas difusores que criam um colchão de ar. Esse procedimento garante a economia na climatização. Em toda a fábrica existem placas coletoras de energia solar, empregadas para abastecer o complexo de energia.

O uso adequado da água mereceu atenção especial. Instalou-se uma Estação de Tratamento de Efluentes (ETE), na qual, além de tratada, a água é utilizada e reaproveitada. Todo o sistema de esgoto é a vácuo, similar ao utilizado em aviões. Nos vasos sanitários, o consumo é de 1,2 litro por descarga, 90% a menos do que em um sistema convencional. Devido à economia obtida nos 300 sanitários, o consumo geral de água é 60% menor.

A quantidade de energia elétrica necessária para a operação do sistema também é menor em comparação à exigida por um sistema convencional, devido à menor quantidade de água bombeada para os reservatórios. A estação devolve água ao ambiente com índice de oxigenação de 98%, ou seja, 18% acima do exigido pela Companhia Ambiental do Estado de São Paulo (Cetesb). Embora seu nível de pureza esteja próximo ao potável, a água resultante do tratamento é usada para irrigação de jardins, abastecimento de vasos sanitários e lavagem de ruas, além de servir como reserva para o sistema de incêndio. Depois de quatro reciclagens, ela é despejada no Rio Juqueri, que recebe os esgotos das cidades de Franco da Rocha e Caieiras antes de passar pela fábrica. A água que sai do terreno da Natura tem melhor qualidade do que a água que entra.

Enfim, o Espaço Natura, como já dissemos, é a materialização de valores e crenças da empresa – em uma palavra, do seu sonho, da sua utopia. Representa a concretização de um ideal. Ter um ideal propicia a elevação do espírito, promove a sensação de que todos somos partes de um todo maior, ao qual devemos servir e do qual devemos usufruir. Valer-se da estética como fonte de inspiração e elevação é servir-se da capacidade humana de vencer a natureza e construir um mundo melhor. Tal como na aventura dos argonautas, a Natura conquistou o seu velocino de ouro por meio de muito trabalho, do espírito de equipe e da certeza de que sonhos inspiram realizações. Não é por acaso que a placa descerrada na inauguração do Espaço Natura Cajamar faz menção ao sonho. Mas o sonho não para aí, reforçam Roberto Pedote e João Paulo Ferreira. Um novo *site* amplia a capacidade e tangibiliza uma nova fase do sonho.

5. A AMBIÇÃO E O VOO DE DÉDALO

Aqui sonhamos um mundo melhor.
(MENSAGEM ESCRITA NA PLACA DE INAUGURAÇÃO
DO ESPAÇO NATURA, EM 2001)

A ambição nos mobiliza para a vida. Ela é representada pelos sonhos e desejos projetados em uma realidade que ainda não existe. É uma utopia, no sentido literal da palavra, pois constitui algo que ainda não tem lugar na realidade. Ambição significa que cada pessoa deve procurar dar o melhor de si em tudo o que realiza. Nesse processo, exige-se mais de si mesmo. Busca-se a elevação, o aperfeiçoamento. E a atuação nesse nível influencia as pessoas que estão na mesma comunidade. Quem busca seu próprio bem sabe que vai ser mais fácil consegui-lo se o bem do próximo for respeitado.

Toda pessoa tem ambição. Toda empresa tem ambição. Não há nada de errado em ter grandes ambições. Mas, como tudo na vida, a ambição tem o seu "lado sol" e o seu "lado sombra". Metas ousadas, que mobilizam o coração e a alma das pessoas, são o "lado sol" – que se traduz em almejar tudo o que promove o aperfeiçoamento constante. Não é o mesmo que o vale-tudo. A "ambição sol" em uma empresa alimenta a postura de procurar melhorar as relações, os processos e os produtos. Quando a ambição de uma empresa se torna coletiva, ela gera a energia que a transforma em realidade.[25]

A ambição tem também o seu "lado sombra". É quando os limites éticos não são considerados na busca da realização do que se quer. É o que os gregos chamaram de *hybris*, a desmedida, a ultrapassagem do *métron*, a medida. Para os gregos, os humanos jamais deveriam ultrapassar os seus limites. Odisseu, o herói grego da Odisseia, vangloriou-se de ter vencido os troianos e com isso desprezou a ajuda do deus do mar, Poseidon. Ultrapassou a medida porque se considerou tão poderoso quanto os deuses. Odisseu só conseguiu voltar para casa depois de reconhecer que não era nem mais nem menos que um ser humano comum. Contra a "ambição sombra", o remédio é a humildade. Etimologicamente, humildade vem de *húmus* – mesma etimologia da palavra homem –, que quer dizer terra, solo. Só é humilde quem tem os pés no chão, quem se vê do tamanho que é. Nem mais nem menos.

A "ambição sol" pode ser representada por Dédalo; a "ambição sombra", por Ícaro. Ambos são personagens de um belo mito grego.

A distinção entre a "ambição Ícaro" e a "ambição Dédalo" apresenta a mesma dificuldade do discernimento entre a ilusão e o sonho. O projeto de internacionalização da Natura, batizado de Natura Mundi, empreendido por volta de 2005-2006, ilustra essa tênue linha entre as duas faces da ambição. É ambição da Natura ser uma marca reconhecida mundialmente. O valor da marca transcende o seu produto. A marca envolve os valores da companhia, é algo intangível. Para ser uma marca conhecida globalmente, a Natura precisa se fazer presente em outros países. Conquistar novos mercados, competir com a concorrência e conquistar clientes em um país de cultura diferente são desafios imensos. Exige capacidade de investimento e uma reserva de líderes para dar conta do mercado externo sem descuidar do mercado interno.

A Natura ambicionava conquistar mercados internacionais para além da América Latina. Estados Unidos e Rússia estavam nos planos. Essa ambição era um sonho ou uma ilusão?

O MITO DE DÉDALO E ÍCARO

Ícaro era filho de Dédalo, construtor do labirinto do palácio do rei Minos, feito para aprisionar o Minotauro. Por ter ajudado a filha de Minos, Ariadne, a fugir com Teseu, Dédalo provocou a ira do rei, que ordenou que Dédalo e o filho fossem jogados no labirinto.

Minos controlava o mar e a terra. Dédalo sabia que só haveria alguma chance de sair do labirinto pelo ar. Projetou, então, asas, juntando penas de aves de vários tamanhos, amarrando-as com fios e fixando-as com cera para que não se descolassem.

Com a ajuda de Ícaro, fez asas como as das aves. Ao testá-las, viu-se no ar, pronto para sair do labirinto. Preparou as asas do seu filho, ajudou-o a colocá-las e o ensinou a voar. Antes de partirem definitivamente, Dédalo, com sabedoria, advertiu seu filho de que voasse a uma altura média. Nem tão próxima ao Sol, para que o calor não derretesse a cera que cola as penas, nem tão baixo, para que o mar não as molhasse.

Dédalo levantou voo e foi seguido por Ícaro. Eles primeiramente se sentiram como deuses que haviam dominado o ar. Ícaro deslumbrou-se com a bela imagem do Sol e, sentindo-se atraído, voou em sua direção esquecendo-se das orientações de seu pai. Estava inebriado pela sensação de liberdade e poder. Logo, a cera de suas asas começou a derreter e Ícaro caiu no mar, para tristeza do pai.

Nas ambições, é preciso ter a prudência de não se sentir como um deus. Sem humildade, o destino de toda ambição é o mesmo de Ícaro: o fim.

Nossa história nos ensinou a acreditar no poder do sonho. O projeto Natura Mundi parecia ser o desdobramento natural do sonho chamado Natura em nossa vida. Ao avaliar tudo o que ocorreu na sequência desse projeto, aprendi que, por vezes, o que parece sonho é apenas ilusão. Refletir sobre isso cabe tanto para nossas vidas pessoais quanto para a vida empresarial. É uma questão existencial. Nesse caso estávamos *hiperavaliando as nossas competências naquele momento. Como não somos exportadores de* commodities, *mas de produto de consumo com linguagem muito própria, subestimamos a complexidade do processo de internacionalização, especialmente tendo em conta que ainda crescíamos no Brasil, com uma operação muito demandante. Como seria possível ingressar ao mesmo tempo nos Estados Unidos e na Rússia se mesmo no Brasil ainda nos faltavam recursos humanos? Felizmente, em tempo fizemos a correção de percurso.*

A Natura optou por encerrar as atividades na Venezuela pouco tempo depois de ter iniciado a operação. E os estudos sobre o mercado da Rússia não foram levados adiante.

Em fins de 2006 ou início de 2007, fomos até Moscou. Com a globalização, sentimos que ali o consumismo tornou-se quase uma religião. Questões referentes a diferenças culturais e visão de mundo ficaram mais evidentes. Tivemos três ou quatro reuniões em pontos diferentes da cidade e ficamos horas no carro, em lugares não tão distantes, por causa de um trânsito caótico. Saí de lá com um pressentimento de que a forma como a gente estava lidando com a internacionalização precisava de maiores cuidados. Perguntava-me se estávamos vivendo um período de ilusão coletiva.

A atenção aos dois lados da ambição perpassa a história da Natura. Em 1998, como já informamos, a empresa ganhou o título de Empresa do Ano, concedido pelo anuário *Melhores e Maiores*, da *Exame*. Essa mesma publicação premiou a Natura como Melhor Empresa do Setor de Higiene e Cosméticos do Brasil em 1997, 1998 e 1999. Alguns anos depois, em 2009, ela novamente é eleita a Empresa do Ano. A sucessão de prêmios e os ótimos resultados fizeram com que a Natura promovesse pessoas que tinham competência para estar em níveis superiores na empresa. Mas os seus sucessores imediatos não estavam preparados. Pedro Passos diz que o histórico de sucessos fez com que a empresa ficasse um pouco de "salto alto": *"Logo percebemos que aquela não era uma atitude adequada, porque poderia nos impedir de enxergar nossos defeitos."*

Nesse período, a Natura realizava vultosos investimentos, inclusive no Espaço Natura de Cajamar, e precisou voltar o seu foco de atenção para o básico, para não cair na armadilha do sucesso. Reviu estrutura, planejamento e orçamento. Aprimorou as ferramentas de análise de resultados e de qualidade dos processos. Esse trabalho de consolidação deu à Natura condições de voltar a ganhar eficiência e melhorar sobremaneira a rentabilidade operacional, que saltou para 17,3% em 2003.

Como dissemos, toda empresa tem ambição. As organizações modelam sua missão ou razão de ser, sua visão, desenvolvem suas estratégias e definem suas metas magnetizadas pela ambição empresarial. A ambição é como uma bússola a indicar o norte para o trabalho das pessoas. A estratégia deve ir além do mercado e das próprias referências de realização da empresa. Uma empresa ética se pergunta qual o mundo que ela quer criar para além das determinações de uma entidade invisível denominada mercado. Deve buscar realizar o seu sonho. Para isso, é fundamental que a empresa conheça a sua própria razão de ser. Objetivos exclusivamente econômicos tendem a desprezar os limites éticos na legítima busca do lucro e da renda. Quando uma empresa tem por ambição apenas resultados econômico-financeiros, ela tende a fazer de tudo por isso, sem se preocupar com os meios e as consequências de suas ações e decisões – e muito provavelmente esses resultados não serão sustentáveis. Essa é a empresa que um dos autores deste livro, em conjunto com Sumantra Ghoshal,[26] denominou "empresa tradicional".

A morte de Ícaro representa o "lado sombra" da ambição, aquela sem limites estimulada pela arrogância do poder e do sucesso. Por mais alto que se queira voar, há um limite a partir do qual o desfecho é trágico, como foi o de Ícaro.

Podemos abordar essa questão por meio da advertência que Dioníso fez ao tomador de vinho. Até certo ponto, o vinho o coloca em contato com a divindade; a partir daí, ele induz à loucura. Saber o limite e o risco do tamanho do passo é questão de sabedoria. O passo maior do que as pernas é a demèsure, *a desmedida. E para os gregos a desmedida tem punição, você cai. Mas quando o passo é desmedido? Em momentos decisivos como esses é fundamental o autoconhecimento, o reconhecimento de seus limites, mas também de quanto suas qualidades potenciais podem levá-lo a novos patamares. Na sabedoria clássica grega, o tempo podia ser avaliado em seu fluxo contínuo, tempo* chronos, *ou de acordo com aquela qualidade especial em que tudo dá certo, em que as forças potenciais se conciliam com as circunstâncias externas (a pessoa certa no lugar certo), o tempo kairós.*

Há limites para a ambição. Mas aqui é preciso entender muito bem o significado de limite. Esse significado tem três dimensões.[27] O limite pode indicar as barreiras que nos impedem de ir além de onde estamos. Representa, nesse sentido, uma limitação, um impedimento, um empecilho intransponível, ao qual a pessoa se curva por perceber que não vale a pena transgredir a norma. Os valores éticos, nesse sentido, são limites para a ambição. O desejo de ganhar dinheiro com um lançamento de sucesso, por exemplo, pode ser impedido ou limitado pelo respeito à natureza, às pessoas, à biodiversidade. Há limites que devem ser aceitos e respeitados.

O segundo sentido de limite nos convida a superá-lo. Há limites que devem ser transpostos, ou seja, vencidos pelo trabalho, pela dedicação, pelo compromisso, pela perseverança. Isso é um convite ao autoaperfeiçoamento constante, à contínua melhoria de si mesmo, de processos, de estrutura, de estratégia, de visão de futuro, ou mesmo a uma mudança de cultura – que pode fazer parte do dia a dia, mas às vezes deve ser radical, como na junção das empresas para a criação da Natura em 1988.

Finalmente, o limite no terceiro sentido é aquele que exige a demarcação de espaço e a imposição de respeito. É quando uma pessoa ou grupo vê a necessidade de "impor limites" à ação de outras pessoas ou grupos que podem prejudicar seu bem-estar.

Na Natura, os limites de primeira dimensão são impostos pelo acatamento de valores éticos, eleitos pela empresa como norteadores de sua atuação no mercado e no mundo. Na Análise do Ciclo de Vida (ACV) dos produtos Natura, os limites são chamados de "sarrafos". O índice ACV é uma medida complexa que calcula o tempo que um produto demora para ser consumido na natureza. Plástico leva mais tempo do que papel, por exemplo. Se o ACV de um produto concebido for maior do que o ACV da categoria, não se lança o produto. O cálculo é feito para cada lançamento em estudo.

Houve um fato na Natura que se tornou exemplo de como a empresa teve de aceitar o limite imposto por seus valores. É o caso da linha Ekos Pitanga. Colaboradores com mais tempo de casa relatam o ocorrido, mas até a edição deste livro não encontramos registro dele no Memória Viva. Quando a linha Ekos Pitanga foi lançada no mercado, o seu sucesso superou as expectativas mais otimistas de vendas. Trata-se de um óleo essencial retirado das folhas do pé de pitanga. O sucesso de vendas esgotou a matéria-prima (as folhas de pitanga) na comunidade fornecedora. Sem as folhas, não havia como obter o óleo para produzir a linha de produtos.

De acordo com a estratégia de vendas da Natura – a venda direta –, o não atendimento de um pedido do consumidor é uma falha que compromete a fidelidade do cliente. Nesse modelo de vendas, o consumidor tem de fazer um pedido e esperar a chegada do produto. Trata-se de um calcanhar de aquiles do processo, que convida a empresa a empreender alternativas constantemente para diminuir o tempo entre o pedido do cliente à Consultora e a entrega efetiva da encomenda. Como produzir o óleo essencial para a linha Pitanga? Uma alternativa para atender à demanda do mercado seria buscar outros possíveis fornecedores não certificados. Do ponto de vista ambiental, essa é uma alternativa drástica.

A Natura, fiel a seus valores, decidiu não entregar os pedidos. Fez uma carta que foi encaminhada às Consultoras para que elas entregassem aos clientes que fizeram a encomenda. Na carta, a Natura explicava os motivos do não atendimento do pedido e ofertava um produto grátis, feito com essência de maracujá. A Natura perdeu vendas e faturamento, mas se viu obrigada a essa decisão porque seus valores de respeito à natureza e à comunidade impunham esse limite.

Na segunda dimensão, de superação dos limites, há o esforço de transcender as dificuldades e vencer as limitações. A superação se dá pela verdadeira intenção de aperfeiçoamento pessoal, organizacional e da comunidade. E, na empresa, a competência da gestão é fundamental. No caso, por exemplo, de um produto Natura não passar na Análise do Ciclo de Vida, uma saída é conceber o produto de modo que seja possível o uso de refil. Economicamente, essa alternativa é menos vantajosa para a empresa, mas a redução de material plástico jogado no ambiente justifica seu uso. A empresa é pioneira mundial no uso de refis para produtos de alto consumo, como shampoos e desodorantes.

Na terceira dimensão, os limites são impostos como necessidade de não deixar que a conduta do outro prejudique a si mesmo. A Natura reconhece o *lobby* como exercício legítimo de sua influência na sociedade, desde que realizado com ética e transparência. Com o objetivo de contribuir para o aumento da competitividade da indústria e do setor, a empresa participa da discussão de temas específicos relacionados a seu negócio, por meio de entidades setoriais às quais está associada, como a Abihpec e a Associação Brasileira de Empresas de Vendas Diretas (ABEVD). A liderança e a influência da Natura nos organismos da sociedade civil demonstram a sua cidadania empresarial, expressa pelo reconhecimento da sua marca e da sua reputação.

A tríplice dimensão do limite (respeitar, superar e impor) e sua relação com a ambição pode ser ilustrada pelo caso da priprioca.

A equipe de pesquisadores da Natura descobriu essa planta no mercado Ver-o-Peso, de Belém do Pará, e a escolheu como ingrediente da linha Perfumes do Brasil. A priprioca tem um aspecto comum, parecido com o do capim, mas suas raízes possuem tubérculos miúdos que quando cortados exalam um perfume fresco, amadeirado e picante que surpreende o olfato. Graças a essa qualidade, foi preservada pelos caboclos da Amazônia. Cultivada nas roças e usada em preparados caseiros, ela vem, de geração em geração, perfumando os banhos, as redes e os cabelos das mulheres da região.

O mercado local da priprioca era abastecido por poucas comunidades dos arredores de Belém. A produção era de cerca de 4 toneladas anuais. Mas, para produzir o perfume, seriam necessárias pelo menos 40 toneladas por ano. Outro desafio era o sistema de plantio: a priprioca era geralmente cultivada ao lado da mandioca, no sistema de coivara – uma técnica de origem indígena que consiste em pôr fogo no mato para limpar o terreno e prepará-lo para a lavoura. Se utilizada em pequenas áreas, a coivara não agride a floresta. Mas, para atender à demanda da Natura, a técnica não seria ambientalmente sustentável. Sem dúvida agrediria a biodiversidade e o meio ambiente. Nesse caso, os valores éticos da empresa mostraram claramente o limite da ambição de produzir o perfume com a essência da raiz.

Por outro lado, poderiam os valores da Natura também funcionar como um freio em determinadas iniciativas, um freio no vigor do crescimento da empresa, na robustez de sua internacionalização? Afinal, os valores e a razão de ser seriam uma expressão universal da cultura das empresas ou características típicas de culturas mais relacionais, como a brasileira?

Na Natura, a importância das relações é um valor que pôs freio na ascensão de executivos que, embora ávidos por resultados, agiam de forma agressiva nos relacionamentos de trabalho. Nesse caso, as crenças afirmadas da empresa funcionaram como um freio necessário. Mas, no que se refere à priprioca, há aqueles limites que devem ser superados. Para realizar seu objetivo, isto é, para conseguir a priprioca necessária para a Perfumes do Brasil, a Natura precisava fazer uma parceria com as comunidades de agricultores e convencê-los a adaptar o método de plantio, que seria em canteiros, sem as queimadas. Em fevereiro de 2003, foram plantadas as primeiras sementes. Meses depois, realizou-se a primeira colheita para a

Perfumes do Brasil. Nos canteiros, a priprioca se desenvolveu de modo a surpreender os agricultores, com seu mato alto, cheio de florzinhas miúdas. Assim se deu a superação, pelo diálogo com as comunidades e pela contínua geração de valor para elas.

Mas houve, em outros momentos, a necessidade de impor limites. Em 2005, vendedoras de ervas do Ver-o-Peso acusaram a Natura de se apropriar de conhecimentos tradicionais de fabricação de perfumes. A empresa entrevistou seis ervateiras sobre sua prática na manipulação de ervas que contêm três substâncias aromáticas: a priprioca, o breu-branco e o cumaru. O material gravado foi utilizado em vídeo feito pela empresa para divulgação de seus produtos – para valorizar a tradição da população do Norte, nas palavras de seu então vice-presidente de inovação, Eduardo Luppi. As vendedoras afirmaram, no entanto, que foram pagas na ocasião pelo uso da imagem, e não pela cessão dos saberes. O caso foi aberto e analisado por uma comissão de bioética da Ordem dos Advogados do Brasil, seção paraense, e também pelo Ministério Público Federal e Estadual, no Pará.

A legislação exige a repartição dos benefícios derivados do acesso e da utilização de recursos genéticos e de conhecimentos tradicionais a eles associados para fins de pesquisa científica, bioprospecção ou desenvolvimento tecnológico. Ela não regulamenta o acesso e a utilização de conhecimento tradicional difuso, ou seja, não atribuível a uma comunidade específica. Por essa razão, não se exige o cumprimento das obrigações previstas na legislação sobre o tema daquele que acessa o conhecimento difuso. A defesa de ponto de entendimento distinto desse cenário pode acarretar situações absurdas – por exemplo, se uma empresa acessasse esses conhecimentos tradicionais difusos e os utilizasse para o desenvolvimento de produtos, patenteáveis ou não, sem estabelecer um contrato de repartição de benefícios, estaria infringindo a legislação e poderia sofrer penalidades. Ocorre, no entanto, que há a impossibilidade de identificar o "titular" do conhecimento tradicional acessado, justamente porque esse conhecimento não é específico de comunidade alguma. O pagamento a algumas pessoas, nesses casos, seria feito em detrimento de outras que compartilham aquele conhecimento que é difuso.

Para a Natura, ficou clara a necessidade de esclarecer os fatos, por dois caminhos. O primeiro foi a disposição da empresa ao diálogo e ao entendimento, movida pelo interesse de valorizar o mercado Ver-o-Peso e as ervateiras da região. O segundo caminho foi o posicionamento cristalino sobre a utilização de ativos da biodiversidade brasileira nas suas linhas de produtos: a Natura assinalou jamais ter cometido qualquer ilegalidade.

Em sua argumentação sobre o caso, a Natura esclareceu que as entrevistas com as ervateiras tinham a finalidade de produzir um vídeo para uso institucional, e não para ajudar a desenvolver tecnologia de extração e formulação de fragrâncias, processo esse extremamente complexo e que envolve *know-how* tecnológico muitas vezes desconhecido no Brasil. Além disso, a empresa remunerou devidamente os expositores pelos direitos de uso de imagem.

O caso demonstra quanto é necessário, pela via do diálogo e do entendimento, que uma empresa que se pretende ética também imponha limites para não ser prejudicada. Em 2006, a Natura fechou acordos de remuneração do conhecimento tradicional difuso, estabelecendo parcerias pioneiras com a Associação das Ervateiras do Mercado Ver-o-Peso e a Associação de Produtores de Boa Vista, de Acará, ambas no Pará. Foi a primeira empresa a fazer acordos e parcerias dessa natureza.

A finalidade da ética é a escolha da ação moralmente correta de respeito ao outro e à vida. Assim se promove a virtude e as condições para a felicidade individual e coletiva. Todos os seres humanos dependem uns dos outros. Logo, devemos estabelecer relações, e fazer pontes, que permitam a nós e aos outros ser felizes. A busca da finalidade da ética, ou seja, da felicidade, exige que cada pessoa ou organização não prejudique o outro, não se prejudique e não se deixe prejudicar por ninguém.

O caso da priprioca mostra como o valor de respeito à biodiversidade limitou a ambição de fazer o perfume. Essa postura exigiu o compromisso com a comunidade e a realização da parceria para superar os limites e produzir a matéria-prima da essência de acordo com os valores afirmados pela empresa. E mesmo agindo inspirada por esses valores a empresa se viu ameaçada por quem acreditava haver uma atitude de apropriação de saberes locais. Daí a importância de ter coragem e firmeza para também impor limites e se defender. O caso revela, enfim, que a Natura respeitou os limites impostos pelo meio ambiente, superou limites ao propor formas sustentáveis de produzir a erva e buscou impor limites ao esclarecer o seu ponto de vista e rechaçar a acusação de apropriação de conhecimento.

No processo de tomada de decisão dentro de uma empresa, e também fora dela, é fundamental considerar as três dimensões do limite. Se ela se propõe a ser ética, está atenta às consequências de seus atos com seus parceiros e públicos interessados, para que ninguém saia prejudicado. Do mesmo modo, procura se aperfeiçoar continuamente no sentido de superar os desafios que entravam o seu desenvolvimento sustentável. Por fim, ela se organiza politicamente, como empresa cidadã, também para impedir e evitar que outros públicos e pessoas a prejudiquem. Em um movimento de mão dupla, a empresa colabora com a sociedade e a sociedade colabora com a empresa.

A sabedoria está em distinguir quais são os limites intransponíveis da ambição, quais os que a limitam de fato e quais os que podem e devem ser superados. É este o princípio da oração da sabedoria: "Dá-me serenidade para aceitar tudo o que não pode ser mudado, coragem para mudar o que pode ser mudado e sabedoria para distinguir uma coisa da outra."

Na Natura, há um grande esforço para criar processos e relacionamentos cujo alicerce fundamental são os valores. Produzir um perfume não está dissociado do impacto que a sua produção causa na natureza ou na comunidade que cultiva a sua matéria essencial. Partindo da sua *razão de ser*, que é a de criar e comercializar produtos e serviços que promovam o *bem estar – estar bem*, o negócio Natura se propõe a gerar relações harmoniosas do indivíduo consigo mesmo, com o seu corpo, com o outro, com a natureza e com o todo. A Natura parte da premissa de que a vida é um encadeamento de relações. Nada no universo existe por si só. Tudo é interdependente. Esse é o princípio fundamental da ética, a interdependência. A cada ação do ser humano há uma reação, que desencadeia outras reações, em si mesmo, no outro próximo, no outro distante, na natureza, no universo. A responsabilidade pela ação no mundo torna-se, assim, um pressuposto ético da atuação da empresa e na empresa, considerando-se o poder dela de afetar os indivíduos, outras organizações e a sociedade.

A linha de produtos Ekos encarna esses ideais. Associada a um projeto de sustentabilidade que valoriza o Brasil e seus ativos naturais, a Ekos é a materialização das crenças da Natura, assim comentada por Luiz:

> *Nosso grande mestre Gilberto Freire, conhecedor da alma brasileira, escreveu certa vez: "Eu ouço as vozes, eu vejo as cores, eu sinto os passos de um novo Brasil que vem aí: mais tropical, mais fraternal, mais brasileiro." Esse pressentimento nos tem alimentado ao longo do tempo, desde a fundação da Natura. E é ele mesmo, esse pressentimento, que nesse momento nos permite escrever uma nova página na história da perfumaria. Uma página que é toda ela inspirada na biodiversidade extraordinária deste nosso país e na riqueza de seu povo.*

A disposição de fazer com que o processo de produção e os relacionamentos da Natura estejam impregnados dos valores da empresa é um desafio diário. A ideia de sustentabilidade deve permear todos os processos da Natura. Por isso, a empresa desenvolve indicadores para monitorar e aperfeiçoar a aderência ao tema da sustentabilidade em todos os processos. Uma unidade de negócios, por exemplo, tem como meta criar e comercializar produtos. Mas como fazer para que a gestão socioambiental esteja presente nesse processo? Criar e comercializar não são atividades isoladas da preocupação com a biodiversidade ou com o aquecimento global. Tudo está conectado.

A Natura tem procurado integrar sua ambição com os limites impostos por seus valores e sua *razão de ser* de diversas formas. Um exemplo é o Programa Carbono Neutro, que tem como objetivo reduzir e compensar as emissões de gases do efeito estufa, responsáveis pelo aquecimento climático do planeta. Em 2006, a Natura mapeou as emissões relativas a todas as etapas de sua cadeia produtiva, desde a extração da matéria-prima até o descarte das embalagens de seus produtos, e definiu uma meta de redução de 33% em cinco anos. O programa contempla ainda a compensação das emissões que não é possível evitar, realizada por meio de um edital público que apoia projetos de caráter socioambiental voltados para a captura de carbono que contribuem para o desenvolvimento social. Até 2010, a empresa já tinha alcançado 21% de redução. Outra iniciativa nesse sentido é buscar substituir ativos petroquímicos por ativos vegetais, o que a empresa chama de vegetalização de fórmulas. Em 2009, 79,2% das matérias-primas utilizadas em produtos eram de origem vegetal renovável e em 2010 esse percentual subiu para 81,5%.

No mundo dos negócios, os valores e os resultados se interceptam de modo a superar a falsa dicotomia entre as abordagens deontológicas e as abordagens teleológicas de ética, o que será aprofundado no Capítulo 9. De acordo com a ética de inspiração deontológica, os valores devem se impor à conduta como se fossem um dever, um imperativo que o sujeito se vê obrigado a acatar. Já a abordagem teleológica de ética enxerga nos bons resultados esperados da ação a grande motivação para a escolha dessa ação.

Do ponto de vista empresarial, é ingenuidade pensar nesses dois polos da ação ética de forma dicotômica. Toda ação deve considerar as suas consequências, mesmo que para a deontologia isso leve a algum relativismo. Do mesmo modo, toda ação deve também levar em conta valores básicos, visto que a ideia de que os fins justificam os meios pode favorecer o desrespeito à dignidade, à saúde e à integridade física e psíquica das pessoas. A lição de Ícaro nos ensina a importância de buscar a realização da ambição com humildade, a sonhar alto, mas com os pés no chão. Tal qual Dédalo, temos de buscar a realização da meta com sabedoria, atentos à realidade e aos riscos impostos pelo calor do Sol e pelas águas do mar, que podem derreter a cola das asas que nos fazem voar.

Como cuidar para que o "lado sombra" da ambição não seja predominante? Sabemos que "sol" e "sombra" sempre vão coexistir. Fazer com que o sol brilhe limitando o poder da sombra é a grande sabedoria de uma empresa que se julga ética. Como não se desorientar na busca desenfreada pela realização dos objetivos econômicos? Como entrar no labirinto do mercado e não se perder? Para que a ambição Dédalo prevaleça sobre a ambição Ícaro é fundamental não perder o fio de Ariadne. É o fio de Ariadne que permite buscar a realização da ambição sem se perder.

6. A DISCIPLINA E O FIO DE ARIADNE

A SIMBOLOGIA DO FIO DE ARIADNE

Quando Teseu chegou a Creta para enfrentar o Minotauro no labirinto, Ariadne se apaixonou pelo herói. A conselho de Dédalo, ela deu a Teseu um novelo de fios para que ele pudesse encontrar o caminho de volta no labirinto após liquidar o monstro. Teseu desenrolava o fio à medida que entrava no labirinto. Desse modo, conseguiu a façanha quase impossível de encontrar a saída.

O fio, em geral, é símbolo de ligação. Representa a conexão essencial. Representa a ponte. Os *Upanixades*, por exemplo, falam de um fio que liga este mundo com o além e todos os seres entre si. O fio de Ariadne simboliza a busca incessante pela saída. É a metáfora de quem vai ao fundo do eu sem enlouquecer, porque sabe que tem a chave para voltar.

No contexto do mundo empresarial sustentável, o fio de Ariadne é o enfrentamento do labirinto do mercado sem perder de vista a razão de ser do negócio, seus ideais. Quando uma empresa almeja os resultados econômicos sem abandonar as convicções éticas em prol de um mundo melhor, ela precisa ligar-se e religar-se continuamente a esses ideais. O fio de Ariadne representa, assim, a conexão com os valores fundamentais da filosofia da empresa, que devem nortear o seu processo de tomada de decisões – o que só é possível com disciplina. Representa os resultados empresariais como fruto das ações cotidianas, e não apenas o resultado econômico-financeiro, visão empobrecida da razão de ser de empresas tradicionais.

A disciplina é o comprometimento com os valores estabelecidos. Implica uma fidelidade interna e coletiva com o sentido da realização de cada trabalho. Só existe disciplina se o sentido de cada ação e de cada decisão está claro. É o sentido que dá orientação. É a seta que indica tanto o caminho a ser traçado como a meta a ser alcançada. Quando uma pessoa vê o sentido da sua atuação no mundo, a disciplina para percorrer o caminho em direção à meta não é vista como um sacrifício, mas como um trabalho inerente à condição humana de quem pretende fazer história.

A origem latina da palavra disciplina remete ao verbo aprender (*discere*). *Disce aut discede:* "aprende ou vai embora". O discípulo é sempre aprendiz. Ele se mantém aberto para reformular seu conhecimento e ajustar as suas ideias à realidade, sempre em busca da verdade. É o comprometimento com a verdade que faz a pessoa manter-se ligada ao sentido que norteia suas condutas e a do grupo ao qual pertence.

Ao contrário da obediência, a disciplina vem de dentro da pessoa, não de fora. Quando estruturas burocratizadas, sistemas complexos de recursos humanos, planejamento ou finanças pairam como nuvens na cabeça das pessoas do chão de fábrica, elas apenas obedecem. Respondem ao que o sistema solicita. Calam-se quando nada lhes é pedido.

Ser disciplinado é ser discípulo de si mesmo. Mas isso não quer dizer que cada um pode agir intempestivamente, à revelia dos acordos estabelecidos coletivamente. Em uma atmosfera de confiança e cooperação, as pessoas são incentivadas, pelo contexto e pelo comprometimento, a se posicionar verdadeiramente. Toda discordância diante de uma posição deve ser a oportunidade de a pessoa se manifestar, seja para transformar-se em posição dominante, seja para compreender os motivos de sua não dominância. O diálogo se torna fundamental para que as pessoas acatem a decisão do grupo, mesmo que suas posições individuais sejam vencidas. A disciplina pressupõe consciência do papel individual e do papel no grupo. Implica todos cumprirem o que prometem. Exige o acatamento da decisão grupal, depois do confronto dos diferentes pontos de vista. Nesse sentido, disciplina é gestão por comprometimento.

Ao longo dos últimos anos, a Natura vem perseguindo um rigor ainda maior em seus processos operacionais e nos rituais internos de gestão. Esse movimento pode ser observado não só em aspectos ligados à produção e à logística, como também nos processos relacionados à inovação e ao relacionamento com o meio ambiente. O motor desse movimento é o conjunto de crenças da empresa que, a rigor, são os valores que sustentam a sua cultura. Ora, se a disciplina é o fio que realiza a conexão essencial, é preciso entendê-la como força motriz que inspira as atitudes de cada colaborador, por meio de um propósito firme e claramente definido, reforçado pelas crenças que formam o cerne da identidade institucional da Natura.

> *Nossa razão de ser não apenas definia os fundamentos da existência da Natura como também já manifestava uma de nossas crenças fundamentais, o fato de que a vida é um fenômeno relacional, de que tudo está interligado. Bem antes de ler Fritjof Capra essa já era uma questão muito presente para mim. A partir da razão de ser e da convicção de que a vida é um encadeamento de relações, propus que elencássemos também as crenças que alicerçavam nossa razão de ser.*

A visão da vida como um encadeamento de relações é a primeira crença da Natura. Tudo o que ocorre no mundo tem causas e consequências. Nada está parado, pois tudo o que acontece desencadeia novos acontecimentos, como um grande mecanismo que se move inteiro ao simples giro de uma peça. Como afirmou Plotino: "O uno está no todo e o todo está no uno."

> *Tenho ainda comigo o manuscrito em que foi feita a proposta do texto de nossa razão de ser. Ricardo Guimarães, da Guimarães & Associados, nossa agência de comunicação, ficou muito entusiasmado com*

esse texto. Embora essa razão de ser seja essencialmente a expressão de nossa visão e experiência, da forma como percebemos o mundo da cosmética e sua função na vida moderna, não posso deixar de considerar a influência do pensamento neoplatônico em sua formulação. Ela é centrada no fato de que somos indivíduos em eterna relação.

Compreender a vida como um encadeamento de relações vai além da percepção de tempo, espaço e duração. Exige também a percepção daquilo que Teilhard de Chardin chamou de unidade de estrutura dos contrários, unidade de mecanismo e unidade de movimento. Perceber a unidade de estrutura dos contrários é entender que as contradições são aparentes, os opostos se completam em um todo harmônico essencial. A percepção da unidade de mecanismo é a descoberta de que, no indivíduo e fora dele, tudo ocorre em um plano evolutivo e que a meta do existir é sempre a conquista de um estágio cada vez mais elevado. Assimiladas essas duas coisas, a pessoa percebe a unidade de movimento, ou seja, ganha consciência de que a sua ação decorre da sua opção e da responsabilidade pela ação, que vai desencadear novos movimentos, em si mesmo, nas relações, na natureza e no todo.

O problema da ação, como aponta Chardin, coloca o ser humano em pleno exercício da liberdade, visto que, sabendo que a vida é um encadeamento de relações, de sua ação vão emergir novos movimentos pelos quais ele se torna responsável. É nesse espírito de compreensão que a primeira crença da Natura se baseia: "Nada no universo existe por si só. Tudo é interdependente. Acreditamos que a percepção da importância das relações é o fundamento da grande revolução humana na valorização da paz, da solidariedade e da vida em todas as suas manifestações."

> *Assim é... Embora possa parecer enigmático, tudo no mundo está interligado. Independentemente de ter vivido algumas catarses que disso me convenceram, a física quântica já vem demonstrando os fenômenos do tipo "o bater das asas da borboleta no Oriente ocasiona uma tempestade em Nova York". O que se deve destacar é que esse*

fundamento filosófico é base da visão integradora da sustentabilidade, independentemente de todas as questões ambientais que ameaçam a vida planetária.

A segunda crença da Natura estabelece a busca permanente do aperfeiçoamento como o movimento que promove o desenvolvimento dos indivíduos, das organizações, da sociedade. Essa busca é o atributo que dá ao indivíduo a sua dimensão propriamente humana porque exige consciência de si e moralidade. A consciência de si é o que permite ao ser humano ver-se a si mesmo, espectador que é da sua própria ação.

Enquanto o indivíduo não é capaz de se impor aos condicionantes da natureza e do ambiente não se pode falar em humanidade do ser. Essa humanidade se evidencia no momento em que o homem atualiza a sua capacidade reflexiva, materializada no exercício da ponderação. A ponderação pressupõe a capacidade de reversibilidade mental, ou seja, o exercício reflexivo de pensar sobre as causas de um fenômeno e o que ocorreria se as ações do passado fossem diferentes. Ao buscar aperfeiçoar a sua conduta e a si mesmo, o ser humano celebra a elevação e promove a aprendizagem.

Para fazer uma ponte entre a segunda crença e um exemplo prático, podemos descrever o caso dos estojos de chá. Em abril de 2001, a consumidora Ilka Fioravante Altoé, bióloga de Belo Horizonte, valeu-se de um dos canais de apoio da Natura para alertar que a madeira utilizada nos estojos de chá lançados para o Dia das Mães daquele ano era a imbuia, uma espécie ameaçada de extinção. A Natura fez uma auditoria para saber a origem da matéria-prima e encontrou algumas inconsistências em procedimentos adotados pelo fornecedor. O apoio da consumidora, ao lado da ambição da Natura em ser ambientalmente sustentável, promoveu a aprendizagem da empresa em lidar com a situação. A Natura decidiu realizar uma ação compensatória por meio do plantio de imbuias e destinar os recursos apurados com a venda dos estojos de chá a organizações não governamentais que atuam na preservação e recuperação de matas nativas.

O compromisso com a verdade como caminho para a qualidade das relações é a terceira crença. De acordo com a tradição clássica, a verdade é a correspondência entre o que se pensa do real e o que ele é. Uma ideia verdadeira é aquela que representa de fato a realidade. Esse conceito de verdade é um convite ao exercício incessante de verificar se as ideias correspondem à realidade, fazendo valer a dúvida metódica como ferramenta para checar qualquer mudança de realidade que exija uma mudança de pensamento ou qualquer mudança de pensamento que não esteja de acordo com a realidade.

Na publicidade, o compromisso com a verdade impõe limites. Não se utilizam recursos de computador, como os do Photoshop, para "maquiar" qualquer característica da modelo que comprometa um "padrão de beleza". Para a publicidade dos produtos Natura Chronos, de combate a rugas de expressão e de envelhecimento, houve sempre o cuidado em priorizar as próprias consumidoras como expressões dos valores da marca.

> *Na fundação da Natura, como já disse, apesar das chances pequenas de êxito por falta de recursos financeiros, uma das questões que me apaixonavam era a possibilidade de desenvolver uma linguagem completamente diversa daquela que predominava na indústria da beleza, a obsessão por vender a ilusão, ao invés de promover o sonho.*
>
> *Consistia em "venda da ilusão", por exemplo, prometer às mulheres (a quem são feitas as maiores exigências estéticas) que ficarão 10, 20, 30 anos mais moças com o uso de determinado produto... Essa manipulação ocorre evidentemente não apenas por responsabilidade da indústria ou dos seus marqueteiros. Antes, é nossa civilização a responsável também por esse monumental engano. Entre tantos outros. Mas especificamente em relação ao envelhecimento a civilização ocidental gerou tantos preconceitos que induz as pessoas a buscar o engano como antídoto, como um benigno ópio. Usufruir desse engano é explorar a dor de viver, além de confirmá-la, aprofundá-la.*
>
> *O que desde sempre procuramos fazer na Natura é transformar a visão, o sentimento, de que o tempo é nosso inimigo. Ele é nosso mistério, sim. Mas é ele que nos faz, que nos compõe. Devemos vivê-lo como contingência de nossa existência, evitando assim introjetar*

desde a juventude esse medo, forma de veneno, da passagem do tempo. Porque esse medo escraviza. E a vida é dada para ser vivida em liberdade. Em uma civilização que impõe a busca do sucesso a qualquer preço e atuando em uma indústria que historicamente faz promessas inalcançáveis, a Natura se orgulha por viver e compartilhar sua crença de compromisso com a verdade, seu ideal de uma sociedade mais solidária, mais justa e leal.

O conceito da *mulher bonita de verdade* inspirou a linha Chronos. O uso apenas de modelos jovens para propaganda de cremes destinados aos cuidados com a pele é visto pela empresa como uma agressão à inteligência dos clientes. Não existe produto que seja verdadeiramente anti-idade ou antitempo, não existe elixir da juventude, mas era essa a ilusão prometida pela indústria de cosméticos. A ousada proposta da Natura, que se vale em suas campanhas da expressão antissinais, é usar a tecnologia para promover a saúde da pele e a autoestima da cliente, convidando-a, também, para a disciplina de uma alimentação saudável e da prática regular de exercícios físicos. A campanha da empresa desafiou os conceitos tradicionais do marketing de cosméticos. Ao lançar um novo conceito, a Natura reforça a ideia de que a linguagem conceitual, a reflexão, faz parte do seu portfólio de produtos.

A cosmética moderna nasceu no século XIX, coincidindo com o nascimento do capitalismo. No entanto, o uso dos cosméticos é muito anterior e, de certa forma, acompanha a evolução da experiência humana. Entre os egípcios do tempo dos faraós (2500 a.C.), os cosméticos (palavra cuja etimologia é cosmos *– a harmonia, a ordem, a beleza que nasceu depois do caos) eram usados para entrar em contato com a divindade. Os faraós tinham mesmo um ministro que dominava os segredos e usos da maquiagem para invocações. Como exemplo complementar, a palavra perfume se origina de* per fumum *(através da fumaça), denominação em latim dos incensos usados pelas civilizações antigas, feitos de raras madeiras perfumadas que se elevavam aos céus invocando a assistência divina.*

Assim, em sua origem, os cosméticos possuíam um simbolismo, uma dimensão de uso muito mais profunda do que a linguagem que acompanhou essa "nova" cosmética selvagemente capitalista, dotada de um espírito interesseiro e alienado, que prosperou imensamente, em especial após a Segunda Guerra Mundial, com o desenvolvimento da sociedade de consumo de massas. Na volúpia do "crescimento" parecia natural que essa moderna indústria prometesse "apagar" os anos vividos a quem enxergava no passar do tempo, e em seus sinais, uma ameaça.

Bem antes de fundar a Natura, alguns livros de filosofia budista me fizeram refletir sobre o despreparo de nossa civilização, o nosso despreparo, já que somos produto dela, de conviver com a nossa impermanência, a transitoriedade de nossa existência. O temor de sentir a angústia que pode resultar da consciência de nossa efemeridade. Essas reflexões me vieram à mente quando, ao avaliar a indústria, seus produtos e publicidade, no começo da vida da Natura, deparei-me com um produto muito desejado à época, cujo nome era Eterna 27 (!). Esse tipo de "esperteza", de "white lie", de manipulação conveniente que a todos conforta, evoluiu posteriormente para os conceitos de produtos antitempo e anti-idade, que continuam "vendendo a ilusão" de que é possível apagar o tempo, ou ao menos detê-lo.

Fazer imaginar que a juventude é o que melhor espelha o sonho que a vida possa representar é apenas um dos "efeitos colaterais" dessa ilusão. Paradoxalmente, a consciência de que somos mortais, que poderia ser um fator a mais para que houvesse mais solidariedade, mais compaixão entre as pessoas, parece apenas revelar o quanto o narcisismo e o individualismo extremado, sinais desta civilização hedonista, a todos apequena, nos afastando das verdades que poderiam nos fazer crescer para a vida, libertos do faz de conta. O que a experiência da Natura, comprometida com a verdade, me ensinou é que o antídoto para a obsessão com a juventude, tão efêmera, é reinventar, o mais cedo possível, a forma de nos relacionarmos com o tempo, com nossos apegos e com a busca de controlar o incontrolável. É descobrir, passageiros do tempo que somos, uma nova forma de olhar para as estações de nossa vida. Como no Soneto 15 de Shakespeare, que 'diz mais ou menos assim, salvo erro de memória ou tradução:

> Quando vejo que tudo quanto cresce
> Só é perfeito por um breve instante
> E que o palco dos homens se oferece
> Aos desígnios dos astros mais distantes
> Quando, ao céu que ora aplaude,
> Ora castiga, homem e planta em pleno crescimento
> Veem findar-se a seiva e ainda nova glória
> Que tinham, cai no esquecimento
> À luz de tão instável permanência
> Aos meus olhos mais moça de anuncias
> Embora juntos, Tempo e Decadência,
> Queiram transformar-te em noite o claro dia,
> Então, por teu amor o Tempo enfrento
> E o quanto ele te rouba
> Eu te acrescento.'[28]

Embora percebamos também em Shakespeare a angústia com as "afrontas do tempo", o fundamental nesse soneto é a qualidade do olhar e a força do amor que ele contém. Esses são os grandes elixires, não da juventude, mas da própria vida. Esta talvez seja uma síntese do nosso trabalho na Natura. Muito além de ilusões, queremos promover o sonho de viver, em liberdade de pensamentos, emoções e sentimentos, em toda a plenitude do bem estar – estar bem, enquanto possa durar a aventura de viver.

A campanha Mulher Bonita de Verdade inspirou outras empresas, inclusive o posicionamento e campanhas de uma marca multinacional. A empresa acredita que dessa forma desempenhou o seu papel de promover o *bem estar bem* e construir um mundo melhor, para além da mera venda de produtos. Algumas pessoas perguntam ao Luiz como ele poderia proteger o conceito da *mulher bonita de verdade*, que originalmente pertence à Natura – e, portanto, é uma vantagem competitiva da empresa. Luiz discorda da ideia.

> *Tem certas coisas que pertencem ao espírito humano. O pensamento, a forma de olhar não podem, não devem ser exclusivos, propriedade de alguém ou de uma empresa. Se são importantes, que bom que sejam reconhecidos e gerem desdobramentos.*
>
> *A Natura foi a pioneira na expressão dessa ideia no mundo da cosmética. Mas não podemos querer que o mundo espere a gente ter essas ideias libertadoras apenas para usufruir delas. Se os concorrentes o fazem com competência, devemos reconhecer e ir além. Mas é fundamental que sejam autênticos, que a crença seja genuína – essa é, aliás, a única maneira de construírem sua imagem ao longo do tempo. De toda forma, sem arrogância, acho que temos todas as razões para ter orgulho: que a beleza é uma aspiração não apenas do corpo mas também da mente e do espírito e por isso não deve ser baseada em estereótipos e manipulações é uma de nossas crenças mais caras e nos acompanha desde a fundação da empresa, nos motivando e dando força ao longo do caminho.*

Os produtos da Natura devem, acima de tudo, contribuir para o bem-estar de seus consumidores. Um exemplo dessa contribuição é a criação, na linha Mamãe & Bebê, de um talco em creme – o tradicional talco em pó, de acordo com pediatras, costuma ser inalado pela criança, causando irritação e gerando acúmulo de resíduos nas vias respiratórias.

A quarta crença da Natura traduz a valorização da diversidade pela empresa, considerando que, quanto maior a diversidade das partes, maior a riqueza e a vitalidade do todo.

> *É curiosa a forma como vivemos. Somos todos pessoas muito diversas que habitam o mundo há mais ou menos tempo, pensam aquilo que*

os avós, os pais, os professores ou, ainda, os livros – assim como tudo o que é vivido – as ensinaram a pensar, a sentir, a ver. Cada um é um mundo. Com essa diversidade é que construímos a realidade que cada um lê, entende, de forma muito pessoal. É o império da subjetividade e, no entanto, funciona.

Respeitando as subjetividades, temos que buscar como transformar a realidade, já que ansiamos todos por um mundo melhor, já que concordamos todos que estamos cercados por absurdos que ameaçam a vida, a sociedade, o planeta. Na diversidade que enriquece a vida temos que alcançar a conciliação em torno de tudo que possa respeitá-la, preservá-la, enaltecê-la.

Todos somos natureza, pois tudo advém dela. A natureza nos dá tudo o que precisamos. Por isso, é a nossa fonte de inspiração. Conservar e fazer uso sustentável da biodiversidade e repartir benefícios são princípios inerentes às práticas da Natura. A empresa poderia, por exemplo, comprar castanha, um dos insumos da linha Natura Ekos, de um intermediário, mas escolhe adquirir a matéria-prima no Amapá, diretamente da comunidade fornecedora. Na Reserva de Desenvolvimento Sustentável do Rio Iratapuru, os extrativistas, pessoas comuns da comunidade, se comprometem a garantir a conservação e a preservação dos ativos naturais, patrimônio da Amazônia. A Natura estreita e profissionaliza o relacionamento com essas comunidades, fornecedores com características tão peculiares. Ao fazê-lo, a empresa procura garantir que o trabalho seja desenvolvido de forma economicamente viável, ambientalmente correta e socialmente justa.

A Natura se relaciona com 26 comunidades, inclusive no Equador. Fazem parte desse público 2.084 famílias. Além da compra de insumos, a empresa estabelece contratos de repartição de benefícios e, em alguns casos, de apoio financeiro para o desenvolvimento dos fornecedores e de suas cadeias produtivas, tendo em vista a geração de valor social.

A empresa realizou em 2009 a disseminação de seus Princípios de Relacionamento com Comunidades, descritos em sua Política de Uso Sustentável da Biodiversidade. Foram mapeadas as oportunidades de melhoria do relacionamento em conjunto com os representantes das comunidades e definidas as ações de desenvolvimento local com foco em capacitação e melhoria de infraestrutura produtiva.

A busca da beleza, como anseio legítimo de todo ser humano, deve ser liberta de preconceitos e manipulações – essa é a quinta crença. Uma empresa de cosméticos trabalha com a beleza. A Natura produz e difunde beleza por meio de seus produtos e procura, também, inspirá-la com a bela arquitetura de sua fábrica em Cajamar.

> *A questão do belo e de como o expressamos à nossa volta tem a ver com as muitas lições que a experiência na Natura nos ensinou, assim como com algumas convicções nascidas dos estudos sobre simbolismos, pensamento clássico e mitologia grega. O que aprendi é que você tem de buscar coerência em sua vida, da forma mais radical. Se nós atuamos, na Natura, no chamado "universo da beleza", temos que cultivar e manifestar a beleza como nós a concebemos, trazê-la para todas as circunstâncias de compartilhamento, em todos os ambientes. Dessa forma podemos nos sentir em sintonia com a beleza. E isso, sendo genuíno, se manifesta também no invisível, no que se costuma denominar de "astral" do lugar, eu acredito.*

A crença da Natura na beleza como busca legítima do ser humano impõe a reflexão sobre o belo, que é objeto de manipulações e preconceitos, principalmente no campo da indústria de cosméticos.

> *Essa busca insaciável para corresponder a certos padrões de beleza me parece insana. Que busquemos não apenas a saúde como também a melhor forma para nosso corpo é perfeitamente compreensível, desejável. Mas viver obsessivamente pensando em determinada forma de aparência para o rosto, os cabelos ou o corpo pode assumir proporções doentias. Mais do que narcisismo, superficialidade, desta ou daquela pessoa, essa é uma característica de uma sociedade materialista, toda centrada no individualismo mais exacerbado.*

> *Em minha experiência, comecei a ver o corpo como a casa que habitamos, um microplaneta, a nos lembrar do grande planeta de que fazemos parte. Devemos cuidar do primeiro fundamentalmente e do segundo à medida que evoluímos em nossa consciência. Convidados pela vida, nós a descobrimos e a sentimos, através desse espaço que é nosso corpo. Tanto nossa alma quanto nosso corpo esperam por nossos cuidados – e sabem retribuir. O bem-estar é apenas o começo.*

A beleza está além dos estereótipos estabelecidos pela sociedade. A dimensão do belo está em consonância com o bom gosto, na busca pela harmonia em si e pela harmonia de si.

> *Bom gosto para mim é a capacidade que alguém tem de escolher em palavras, gestos, olhares e sentimentos tudo aquilo que induz à harmonia, seja ela da forma, seja da emoção, seja do espírito. Acho de extremo bom gosto, por exemplo, a pessoa que não faz uso de maledicência, isto é, não fala mal de alguém só por falar. Podemos, e devemos, ser críticos para avaliar a quem ou o que nos couber julgar, sem que isso justifique incorporarmos o arquétipo de juízes do mundo. Há excesso de julgamento em nossas vidas, à nossa volta, e isso conduz à intolerância, que envenena as relações, intoxica os ambientes.*

A sexta crença da Natura descreve a empresa como um organismo vivo e um conjunto dinâmico de relações. O valor e a longevidade da organização estão ligados à sua capacidade de contribuir para a evolução da sociedade e o seu desenvolvimento sustentável. O texto de uma peça publicitária em audiovisual sobre um produto da linha Natura Ekos ilustra bem esse conceito, que está fortemente ligado à primeira crença, da vida como um encadeamento de relações: *"Esse é o José. Essa é a floresta do José. Essa é a andiroba que nasce na floresta do José. E esse é o Shampoo da Andiroba. E essa é a Ana, que usa o shampoo da andiroba que nasce na floresta do José. E que ajuda a continuar a história da vida do José, da andiroba, da floresta e da Ana. Esse é o Brasil Sustentável."*

> *A partir de 1995, com a criação do Programa Crer para Ver, passamos a viver mais explicitamente nossa crença de que a empresa deve ser um agente de transformação social. Desde então ficou mais evidente para mim que a Natura se transformava, cada vez mais, naquela empresa que somente ela poderia vir a ser. Há uma frase do Joseph Campbell que me tocou muito e que, para mim, faz todo o sentido: "O privilégio de toda uma vida é ser quem você é."*
>
> *Acredito que ela vale tanto para os indivíduos quanto para o ser coletivo que é a empresa. Para ela vir a ser quem realmente é, temos de saber nos harmonizar com sua alma – para que sua alma viva, atue, através de nós. A partir do lançamento da linha Ekos, em 2000, e do nosso comprometimento com a conservação e o uso da biodiversidade brasileira e o desenvolvimento sustentável, a presença da marca na sociedade ampliou-se geometricamente. Pois ela passava ainda mais a expressar quem era. Somente ela poderia vir a ser.*

Esse conjunto de crenças é o propósito ao qual cada colaborador da Natura deve estar ligado no exercício cotidiano das suas funções. Se esse fio se rompe, ou mesmo se ele não é conectado, o risco de perder-se no labirinto é real. A direção da empresa vem fazendo um esforço contínuo para que essas crenças sejam parte do cotidiano de cada colaborador, desde a sua entrada na companhia. O membro mais novo do comitê executivo, João Paulo Ferreira, é testemunha viva desse esforço. Essa capacidade de criar um propósito com o qual as pessoas se identifiquem e um conjunto de valores que possam compartilhar é um elemento comum a todas as empresas que conseguiram criar um vigoroso contexto positivo.

A *razão de ser* da Natura, o *bem estar bem*, ecoa com naturalidade de cada pessoa com quem se conversa na organização. Entretanto, o desafio de manter a disciplina e não perder o fio de Ariadne é permanente. A conjugação entre a busca de resultados empresariais, ou o *triple bottom line* – como a Natura fala no seu cotidiano –, e uma atuação verdadeira que expresse o conjunto de crenças é exercício que exige vigilância diária. Institucionalmente, a empresa dispõe de uma diretoria de sustentabilidade, que tem o papel de fazer com que o tema da sustentabilidade permeie os processos empresariais. A área tem dupla função: educação e monitoramento. A educação é a capacitação para que as pessoas saibam executar. O monitoramento é a criação de indicadores cujo uso promove a aderência do tema da sustentabilidade nos diversos processos empresariais.

Curiosamente, a ambição dessa diretoria é não existir. O simples fato de existir significa que ela ainda precisa "tocar o bumbo", no sentido de lembrar da importância da sustentabilidade em todos os seus processos e relacionamentos. Quando uma unidade de negócios, por exemplo, estabelece metas para criar e comercializar produtos, é papel da diretoria de sustentabilidade fazer com que seus responsáveis pensem em como tornar a gestão socioambiental presente no processo de criação e comercialização desses produtos.

A disciplina está articulada com o esforço de levar para a vida concreta da empresa tudo o que é idealizado como sua *razão de ser* e suas crenças. *Gaps* podem ocorrer entre o ideal e o real. Sonhos podem ser confundidos com ilusão.

> *Como indivíduos ou empresas, somos seres "em processo", em contínua transformação. Que essa transformação nos expresse cada vez mais e melhor, é o que devemos buscar. Mas nossa humanidade comporta contradições, ambiguidades, dicotomias. Quando, em nossas transformações, vivemos predominantemente esses aspectos mais sombrios, entramos nos períodos de crise. Ou, no mínimo, percebemos a existência de gaps entre o que idealizamos e o que a realidade factual nos apresenta. Em momentos como esses é que a força interior deve nos levar a viver com humildade e paciência o contato com esses limites para aprender a superá-los e a nos fortalecer com esses esforços. Assim poderemos novamente alcançar o caminho em que, a cada dia, nossos ideais, nosso coração, nossas emoções e sonhos se sentem conciliados com a alma da empresa – e que tudo isso represente uma força que nos projeta, ilumina, alimenta e a sociedade valoriza, admira, incentiva.*

O conjunto de crenças da Natura – ou, por que não dizer, dos seus valores[29] – é o fio de Ariadne que lhe permite sair do labirinto nos momentos de *gap*. Enquanto o labirinto simboliza o tortuoso mundo do mercado, da competição desenfreada onde prevalece a "ambição Ícaro", em detrimento do respeito às pessoas, à comunidade e ao planeta, o fio de Ariadne representa a disciplina que permite buscar os resultados empresariais de forma ética, com base em valores e compromissos. Ariadne, como mulher, simboliza a importância de integrar o feminino na busca da realização da meta. A luta contra o Minotauro, arquétipo masculino por excelência, não pode prescindir da ligação com o feminino, de lembrar ao herói a importância da vida interior.

> *A relação que ao longo dos anos fui construindo com nossas Consultoras me ensinou que o feminino é uma grande força, uma luz que emerge e se amplia neste momento, tanto para a cura de nossa civilização quanto para nos ensinar o caminho da felicidade. A condição para esse aprendizado é que tenhamos o coração aberto para a vida, para as relações, para o outro. E que cultivemos nossa vida interior para, aos poucos, aumentar nossa condição de intuir a nossa alma. Por essa razão, muitas vezes, em contato com nossa força de vendas, declamo* Eros e Psique, *de Fernando Pessoa, que, a meu ver, além da beleza extraordinária, nos coloca simbolicamente em contato com nossa força interior.*

Eros e psique
(de Fernando Pessoa)

Conta a lenda que dormia
Uma Princesa encantada
A quem só despertaria
Um Infante, que viria
De além do muro da estrada.

Ele tinha que, tentado,
Vencer o mal e o bem,

Antes que, já libertado,
Deixasse o caminho errado
Por o que à Princesa vem.

A Princesa Adormecida,
Se espera, dormindo espera.
Sonha em morte a sua vida,
E orna-lhe a fronte esquecida,
Verde, uma grinalda de hera.

Longe o Infante, esforçado,
Sem saber que intuito tem,
Rompe o caminho fadado,
Ele dela é ignorado,
Ela para ele é ninguém.

Mas cada um cumpre o Destino –
Ela dormindo encantada,
Ele buscando-a sem tino
Pelo processo divino
Que faz existir a estrada.

E, se bem que seja obscuro
Tudo pela estrada fora,
E falso, ele vem seguro,
E, vencendo estrada e muro,

Chega onde em sonho ela mora.
E, inda tonto do que houvera,
À cabeça, em maresia,
Ergue a mão, e encontra hera,
E vê que ele mesmo era
A Princesa que dormia.

7. O APOIO E A ALAVANCA DE ARQUIMEDES

> **O PODER DA ALAVANCA**
>
> "Dê-me um ponto de apoio e eu levantarei o mundo." A famosa frase, atribuída a Arquimedes (287-212 a.C.), refere-se ao movimento da alavanca, que por si só não pode mover coisa alguma. Ela é um intermediário passivo. Torna-se ativa somente pelo poder de quem a utiliza e pelo uso de um apoio adequado. Quando coloca em movimento o que está inerte, a alavanca transforma-se em princípio ativo. Quanto mais eficiente for o apoio, maior é o seu poder, a sua força.

A cultura de uma empresa tem na alavanca a metáfora perfeita. O apoio, condição para mover o mundo, é mais poderoso que o controle, base da administração tradicional, que tem na hierarquia uma função primordial. O supervisor, o gerente, o diretor são responsáveis pelo controle. A estrutura hierárquica piramidal consolida a figura do chefe como autoridade. É ele quem controla seus subordinados, e seu papel é não deixar que façam coisas erradas.

Desde o início da administração científica, é conhecida a caricata figura do supervisor, aquele chefe de avental branco, cronômetro em uma mão e prancheta na outra, exercendo a supervisão do trabalho do empregado. Cabe ao supervisor evitar a perda de tempo e movimentos que prejudiquem a produtividade. Essa atmosfera de controle incentiva o comportamento passivo, a dependência e o protecionismo, tão presentes na cultura organizacional de empresas brasileiras.

Em trabalho de um dos autores deste livro sobre a cultura brasileira,[30] são apontados os eixos básicos que a estruturam: poder, relações pessoais e flexibilidade. O pilar do poder está na base da tensão entre apoio *versus* controle e será aqui tratado. Liga-se intimamente ao pilar das relações pessoais, como veremos no próximo capítulo, junto com a flexibilidade. Dados de pesquisa de diferentes fontes atestam a tendência à concentração de poder na empresa brasileira, mesmo que disfarçada de comportamentos amigáveis e de muita proximidade pessoal. As iniciativas de gestão participativa em empresas tradicionais se restringem ao envolvimento do colaborador na implementação de decisões estratégicas.

O controle acontece em um ambiente que infantiliza os indivíduos. Pressupõe-se que as pessoas precisam ser fiscalizadas e vigiadas discreta ou hipocritamente "para o seu próprio bem". Isso é o mesmo que supor que elas não são capazes de ter disciplina. Assim, os liderados comportam-se de modo obediente para concordar com o chefe e evitar contrariá-lo. Não assumem a iniciativa. Elegem uma autoridade externa e pautam suas condutas de acordo com a avaliação que fazem das eventuais recompensas e punições por seu comportamento.

A referência passa a ser o outro. A autoestima passa a depender do elogio ou da crítica daquele a quem é atribuído poder, em geral o líder. Nessa atmosfera, a hierarquia se faz necessária para criar o clima de controle e obediência que permita a execução das tarefas pelos colaboradores. Quando a estrutura hierárquica da empresa é forte, o "cheiro da autoridade" limita a iniciativa de pessoas de diferentes níveis, e não apenas daquelas do chão de fábrica. A falta de iniciativa impede a delegação de poder aos subordinados. Ao contrário, o poder é delegado para cima, sobrecarregando os líderes e tomando-lhes indevidamente um tempo precioso. O processo é tão comum que raramente os dirigentes se dão conta de que esse fenômeno está acontecendo. Dirigentes centralizadores, cercados de assessores competentes e sábios, tomam decisões importantes sem a participação das pessoas do nível hierárquico imediatamente inferior. Nesse clima, elas se sentem limitadas, sem poder, na dúvida sobre o que podem ou não fazer.

Já em empresas de alto desempenho, o controle é substituído pelo apoio. No lugar de vigiar e punir, oferece-se infraestrutura de apoio para o trabalho dos colaboradores. O verbo controlar dá lugar ao verbo facilitar. Trabalha-se *junto com* e não *para* o chefe. Não importa o que o "supervisor" – pretensamente aquele que tem uma "super-visão" – vai ver ou deixar de ver, mas como o problema, a pendência, a dificuldade será resolvida. Esse é o sentido de cooperação: operar junto.

Na Natura, a peculiar gestão de um triunvirato, que conseguiu da rica diversidade entre os três construir uma unidade, fez com que houvesse a tendência denominada por importantes executivos da empresa de "delegar para cima".

O perfeccionismo do *Três*, aliado à presença constante e competente de Pedro nas operações da empresa, pode ter gerado nas lideranças intermediárias o movimento de não arriscar antes que a presidência fosse ouvida. Trata-se de um movimento típico da cultura brasileira, a responsabilidade é transferida para os líderes. Uma vez que eles exercem a liderança com tamanha competência e eficácia, a tendência é que o liderado não ouse fazer algo sem ouvi-los. Talvez essa seja a gênese do *gap* de lideranças vivido nos momentos de acelerado crescimento e na expansão internacional, quando novas lideranças eram necessárias para tocar a empresa em suas diferentes frentes.

Desde 2007, essa lacuna tem sido objeto de intervenções da gestão da Natura. Nesta década, a empresa alterou de forma significativa a sua composição acionária por meio da abertura de capital, mudou a presidência e trocou todo o comitê executivo. O *Três* divide a copresidência do Conselho de Administração. O esforço de "criar piscinas" – viver situações que promovam o desenvolvimento de lideranças e o empreendedorismo – está apenas começando.

Como descrito no Capítulo 3, sobre a história da Natura, 2007 foi um ano muito difícil para a empresa do ponto de vista dos resultados financeiros. Uma das causas apontadas para o que os analistas chamaram de crise foi o fato de a Natura crescer muito além da sua capacidade sem ter líderes em número suficiente ou devidamente capacitados para sustentar o crescimento.

O processo de internacionalização da empresa tinha como pressuposto a expatriação de lideranças que precisavam ser substituídas no Brasil. Buscá-las no mercado não é tão simples, ainda mais diante da particularidade da Natura de valorizar as competências relacionais de seus líderes. Profissionais de reconhecida competência técnica, com capacidade de desenvolver ferramentas de negócios muito eficazes para o crescimento econômico, chegaram a ser preteridos em favor de pessoas que acalentam as paixões da empresa: a cosmética, a serviço do *bem estar bem*, e as relações.

O desafio é unir as duas dimensões: o perfil de quem busca resultados empresariais com o perfil de uma pessoa que privilegia o respeito às relações. Não se trata de posturas incompatíveis. Temperar o "doce" da relação com o "azedo" da liderança é preparar uma "culinária agridoce".[31] Assim, a formação de líderes afinados com o estilo Natura de fazer negócios e de estabelecer relações éticas tem sido uma das preocupações da empresa para favorecer o seu crescimento e a sua expansão internacional. Afinal, as dimensões "doce" e "azeda" da liderança, quando simultâneas e na medida correta, geram resultados mais consistentes e duradouros. A contínua racionalização disponibiliza os recursos, inclusive financeiros e humanos, para o crescimento. E o processo de revitalização permanente produz energia capaz de sustentar a melhoria ininterrupta da produtividade.

Uma das lições retiradas das dificuldades de 2007, também relatada no Capítulo 3, foi a percepção da necessidade de programas específicos para o desenvolvimento de líderes que unissem as duas dimensões. Quando falta líder, falta o apoio necessário para o desenvolvimento do negócio. A gestão da Natura acostumou-se a reportar ao *Três* as decisões mais importantes. Os vice-presidentes tendiam a ouvir os três presidentes antes de tomar decisões de peso. Representando um novo ciclo, a expressão "jogar os líderes na piscina sem boia" revela a importância de criar espaços no cotidiano da empresa para incentivar o surgimento e o desenvolvimento de novas lideranças.

Desde a reestruturação do comitê executivo, a partir de 2007, a Natura tem discutido um novo processo para esse desenvolvimento. O *Três* teve dificuldade de estabelecer processos formais e estruturados nesse sentido. Pedro era o responsável pela parte operacional da fábrica, e o seu profundo conhecimento de todos os processos, aliado à sua presença constante no dia a dia da empresa, atraía as decisões para ele. Guilherme atuava algo distante das operações, mas toda decisão que envolvia o futuro e a expressão da marca Natura passava por ele. Sua posição tendia a influenciar fortemente a palavra final. E Luiz, através da participação na criação de novos conceitos e da proximidade com o canal de vendas, inspirava o fortalecimento da alma da empresa, de sua essência. A tendência é que o poder de influência do *Três* vá dando lugar a uma nova estrutura de poder, organizado a partir do comitê executivo e liderado pelo atual presidente. O êxito do triunvirato como gestor esconde o risco de que o processo decisório da empresa sofra de uma delegação "para cima" – um medo de tomada de decisões sem que haja prévia concordância do *Três*. Reverter esse traço da cultura exige "jogar os líderes na piscina sem boia".

Internamente, a Natura tem desenvolvido seus talentos por meio, por exemplo, do Programa de Formação de Líderes que, de 2007 a 2009, envolveu 28 dos 300 gerentes. Parte da administração queria que o número fosse maior e incluísse os diretores. A empresa tinha pressa em iniciar o processo, pois muitos diretores iriam se aposentar e a reestruturação do comitê executivo ainda não estava completa. Optou-se por iniciar a formação transversalmente, com 28 jovens de alto desempenho e alto potencial. Agora que o comitê está formado, a empresa se prepara para iniciar o desenvolvimento continuado de líderes a partir do topo, ou seja, do presidente, e ir desdobrando o processo para todos os níveis de liderança, até abranger os mais de 600 gestores. Essa iniciativa se diferencia das utilizadas em muitas universidades corporativas que empresas brasileiras estruturaram ao longo dos últimos anos, pois tem como princípio fundamental a ideia de que o indivíduo é responsável por seu autodesenvolvimento.

A ideia não é a empresa dizer o que o colaborador deve ou não melhorar. O papel dela é criar o contexto e as oportunidades. O colaborador, sim, deve se preocupar em buscar o autodesenvolvimento com os recursos que a organização oferece. Dessa forma é constituído um contexto de aprendizagem, no qual são propostas ações de desenvolvimento, que atendem às necessidades atuais dos líderes e definem os desafios a enfrentar.

Essa proposta auxilia no alinhamento dos líderes com a estratégia da empresa, bem como das lideranças entre si, contribuindo para a incorporação das crenças, da cultura e do estilo de gestão da Natura e ajudando a disseminar tudo isso nas demais equipes. As atividades são direcionadas à necessidade de desenvolvimento de cada grupo de cargos gerenciais. São fortemente recomendadas, mas não obrigatórias, de modo a respeitar escolhas, necessidades e interesses individuais e o momento da carreira de cada um. O desenvolvimento é direcionado para o alcance da maturidade na condução dos negócios e no gerenciamento das pessoas dentro da visão do *triple bottom line,* baseada em três preocupações fundamentais da empresa: o social, o ambiental e o resultado financeiro.

Um dos princípios norteadores desse processo de formação de lideranças, cujo projeto recebeu o sugestivo nome de Cosmos, é que os fundadores da empresa participem dele ativamente, garantindo o legado e inspirando para o futuro. O espaço deve fomentar o compartilhamento de experiências e saberes entre todos, estimulando relações duradouras e de qualidade e alinhando-se à estratégia de cada vez mais envolver os públicos de relacionamento na construção do futuro desejado. A "forma" do ambiente Cosmos é inovadora, constituída por diferentes ferramentas e canais, ou seja, por distintos contextos de aprendizagem. Combinam-se o conceitual e o prático, incentivando a geração de conhecimento pelos próprios participantes. Com a perspectiva de favorecer e acelerar a aprendizagem, foram modelados quatro tipos de espaço. O primeiro, a "escola", é composto por contextos nos quais são ministrados conteúdos e promovidos debates sobre diversos campos de conhecimento. Ela é simultaneamente clássica e inovadora porque adota "metodologia ativa", reconhece a complexidade de cada conteúdo e permite a adoção de múltiplas perspectivas para a abordagem dos temas propostos. Os programas são desenvolvidos exclusivamente para a Natura, mas pode ocorrer de programas criados fora da empresa eventualmente serem recomendados ou adaptados para o Cosmos.

O segundo espaço é composto por eventos periódicos com temas abertos para compartilhamento e aprendizado. Todos os líderes são convidados a participar desses eventos, mas a presença não é obrigatória. A discussão é aberta, alimentada por interesses das pessoas. O terceiro espaço é como uma oficina de projetos, que propõe a construção coletiva e simultânea de vários projetos, fomentando a troca de ideias, de maneira que todos tenham consciência do que está sendo desenvolvido pelos colegas. O quarto e último espaço, a comunidade de interesses, é essencialmente virtual: explora a conectividade e estimula o intercâmbio e a atualização de conhecimentos e saberes, nos seus vários campos. Promove interação, integração e divulgação de informações, e oferece espaços virtuais de aprendizagem, entre outros. Há um pressuposto na empresa de que, para otimizar a aprendizagem em todos esses espaços, deve-se garantir o autoconhecimento, por isso ele serve durante todo o tempo de "pano de fundo" da aprendizagem.

Por que é possível estruturar um processo de formação de lideranças inovador como esse? Porque há premissas como o compromisso verdadeiro do presidente da empresa, Alessandro Carlucci, e de todos os vice-presidentes. Um deles, Marcelo Cardoso, é o orquestrador dessa iniciativa e tem o apoio do *Três*.

Mas que tipo de líder a Natura quer formar? Uma pessoa capaz de privilegiar resultados nas três dimensões: social, ambiental e econômica. Uma pessoa que acredita nos princípios Natura, busca construir um mundo melhor e cuida de si mesma. Uma pessoa capaz de gerenciar e liderar mudanças, que privilegia a qualidade das relações e, além disso, tem visão e pensamento estratégicos. Um líder que suporte decisão colegiada e seja capaz de aceitar que a decisão não é só sua.

De fato, na Natura cada decisão dos gestores passa por vários comitês e, quando aprovada, pode não ser exatamente a que chegou ao primeiro deles. Para alguns gerentes esse sistema é frustrante, pois não dá a eles o poder decisório que gostariam de ter ou a velocidade adequada a certas decisões. Apesar disso, os líderes reconhecem que, na maioria das vezes, a qualidade da decisão aumenta com a inserção de outras pessoas no processo. Toda a modelagem das atividades está ancorada nos valores, nas competências essenciais – o que faz a Natura ser Natura –, que consequentemente são mais permanentes, e nas competências estratégicas, que focam as necessidades do ciclo de negócios da empresa para os próximos anos. Essa modelagem conta ainda com o subsídio dos Planos de Desenvolvimento Individual (PDIs) desses colaboradores.

A formação de lideranças agridoces é um desafio para a empresa. Uma pesquisa realizada por um dos autores deste livro e Roberto Duarte, em parceria com a Wharton School, da Universidade da Pensilvânia, e outra com Sumantra Ghoshal, da London Business School,[32] mostram que os líderes transformadores, em suas ações, efetivamente geram algum grau de sofrimento e desconforto. Afinal, despertam as pessoas para a realidade, pedem respostas a problemas antes ignorados e, às vezes, tomam medidas impopulares. Ao mesmo tempo, mostram-se dispostos a orientar e cooperar. Inspiram confiança e geram o sentimento de justiça. São pessoas que abandonaram o paternalismo protetor, típico da cultura gerencial brasileira, mas agem com respeito pelos colaboradores, estimulando talentos e maximizando competências. Esses líderes são capazes de identificar fracassos sem disseminar o abatimento. Têm visão clara de seus objetivos e desafiam as pessoas que decidem seguir na mesma direção. Em uma palavra, são lideranças "agridoces".

Em alguns casos, a Natura atraiu profissionais que exercem a presidência das empresas em que trabalhavam ou pelo menos estavam cotados para exercê-la. Por que um executivo com esse perfil aceitaria trabalhar na Natura em um cargo de menor poder decisório e, eventualmente, menor remuneração? A resposta está na identidade com os valores da empresa e com o seu projeto. Mas não é rara a surpresa de alguns desses executivos com o processo colegiado de deliberações e com a consequente velocidade, nem sempre satisfatória, da tomada de decisão. Não é um processo fácil. O líder Natura deve estar acima da própria vaidade e colocar-se a serviço de um trabalho coletivo. O tamanho do desafio é grande porque depende da evolução pessoal, do nível de maturidade da pessoa, da sua autonomia – requisito fundamental para o exercício de uma liderança baseada no apoio e não no controle.

A autonomia de uma pessoa pode ser representada simbolicamente pela bicicleta. Ela é movida pelo próprio indivíduo que dela se utiliza. Ao contrário dos outros veículos que são acionados por força externa, a bicicleta se move a partir do esforço pessoal feito pelo seu usuário. Uma segunda característica desse veículo é seu equilíbrio, que só é assegurado pelo movimento para a frente, exatamente como na evolução da vida interior do indivíduo. Finalmente, a bicicleta simboliza autonomia, porque só uma pessoa de cada vez pode guiá-la. A autonomia é a capacidade da pessoa de ir adiante, para a frente, pelos seus próprios meios, sua própria vontade e decisão, sem "meter os pés pelas mãos". O equilíbrio "agridoce", entre racionalização e revitalização, permite o movimento para a frente, que exige força e exercício, mas não traz a dor da queda.

O Processo de Engajamento é outro programa de formação de líderes da Natura. Iniciado com um plano piloto de 80 pessoas, em 2010 já havia atingido aproximadamente 500 líderes e envolvido todos os níveis de liderança da empresa. Ao final do programa, cada colaborador elabora um Plano de Desenvolvimento Individual (PDI), no qual as expectativas pessoais são cruzadas com as estratégias de negócios da companhia. Esse alinhamento entre valores pessoais e valores da Natura é requisito fundamental para o sucesso do exercício da liderança em prol dos objetivos da empresa e, claro, das pessoas que nela trabalham. Para chegar ao PDI, o líder, por um lado, aprimora o autoconhecimento, a fim de estabelecer seu propósito de vida. Por outro, ele conhece o propósito da empresa, tanto em seu ciclo genético, ou seja, o que é a essência da Natura, quanto na sua estratégia de negócio e de gestão, no seu ciclo temporal. A avaliação em 360º é uma das ferramentas utilizadas no Processo de Engajamento. Todos avaliam o colaborador, pois sua percepção, mostrada na autoavaliação, é checada com a dos que trabalham com ele: pares, superiores e subordinados. A etapa final é um *workshop* sobre o PDI de cada colaborador. O conteúdo dos PDIs é um dos subsídios para a elaboração da Academia de Líderes.

Iniciativas institucionalizadas de formação de lideranças são fundamentais na busca da harmonização da filosofia da empresa com a do colaborador. Essa harmonia é essencial para ele trabalhar mais feliz e para a empresa expressar a sua *razão de ser*. A implantação desses programas exige políticas sólidas de acompanhamento desses profissionais. *Feedbacks* periódicos sobre a evolução dos colaboradores e a expectativa da empresa em relação a eles são fundamentais para que o apoio seja de fato um dos motores de uma cultura que gera valor. Programas como Formação de Líderes, Processo de Engajamento e Academia de Líderes são alavancas que permitem, com o apoio, movimentar a empresa em direção à sua finalidade.

Um dos grandes desafios, seja pelo volume de pessoas envolvidas, seja porque representa a ponta mais visível do faturamento, é a ação do grupo comercial. Desde 1974, quando a Natura adotou o sistema de venda direta, as Consultoras têm sido responsáveis por levar até os consumidores não apenas os produtos, mas também a *razão de ser* da empresa, sua visão e suas crenças. Os gerentes regionais de vendas têm a função de dar total apoio às gerentes de relacionamento, que antigamente eram chamadas de promotoras. O apoio acontece em termos de recursos financeiros, mercadológicos e estruturais para que elas desenvolvam o seu trabalho com as Consultoras.

Visando estreitar o relacionamento com as Consultoras, a Natura ampliou o modelo Consultora Natura Orientadora (CNO) no Brasil em 2008 e 2009. A CNO coordena um grupo de até 150 Consultoras e se reporta à Gerente de Relacionamento. Esse sistema gerou maior proximidade com as Consultoras, que podem se reportar às CNOs para obter maior apoio, e elevou as vendas. Para o consumidor final, o modelo gera melhor atendimento, como resultado do maior volume de treinamento e do aumento da quantidade de Consultoras.

Como copresidente do Conselho de Administração, Luiz não participa diretamente do dia a dia da empresa. Mas a relação com as Consultoras é uma das suas alegrias, como empresário e como ser humano.

> *Fomos construindo a Natura, passo a passo, com as Consultoras. Com elas construí também muito da minha visão de mundo. Com elas foi se revelando para mim que existe uma inteligência do coração. Ensinamentos pouco triviais, como os ligados à biodiversidade ou noções de fisiologia epidérmica, são perfeitamente compreendidos mesmo pelas pessoas mais simples. As Consultoras Natura vêm se mostrando capazes de não apenas assimilar como também se emocionar com questões bem complexas.*

Desde 2007, a empresa implantou um sistema de gestão centrado nas unidades de negócios (UNs) e nas unidades regionais (URs). São sete UNs, quatro delas no Brasil e três no exterior. As URs são 11, cinco delas no Brasil (capital de São Paulo; litoral e interior de São Paulo; Sul; Norte e Nordeste; Rio, Minas e Centro-Oeste) e seis internacionais (Argentina, Chile, Peru, Colômbia, México e França). Essas posições são algumas das "piscinas" da Natura, fonte de crescimento das pessoas, que têm nos seus desafios a melhor oportunidade de desenvolvimento.

A regionalização tem o objetivo de dar aos gestores maior autonomia e mais responsabilidade para que as decisões estejam cada vez mais próximas dos interesses dos públicos de cada região, principalmente o das Consultoras e o dos consumidores. Em um país de proporções continentais e com mercado em países de diferentes culturas, a autonomia do gestor das URs torna-se fundamental para resolver as dificuldades particulares de cada região e capitalizar os resultados. Além dos fatores culturais, o clima e outras características regionais, como a existência de praia no local, podem influenciar a venda de um produto e exigir adaptações de processos e estratégias pelas lideranças.

Esse processo ainda não está completamente descentralizado, envolve mudança de cultura, mas encaminha-se para isso.

O sistema é apoiado pela gestão de processos – organizada a partir de uma metodologia de planejamento integrado que se baseia em metas econômicas, sociais e ambientais – aprovado pelo Conselho de Administração e acompanhado por toda a alta administração. A origem desse tipo de gestão liga-se à estratégia de superar o que alguns membros do Conselho de Administração e o presidente chamaram de "cultura do dono". Enquanto Pedro era o presidente executivo, o processo decisório era canalizado para ele. Como já relatamos, a sua presença constante na empresa e o seu profundo conhecimento das operações eram fatores que contribuíam para que fosse consultado na tomada de decisões. Como a presidência de Pedro era coexercida por Luiz e Guilherme – todos acionistas majoritários –, Pedro representava o arauto do *Três*. As URs são uma estratégia de descentralização. Como dito anteriormente, são grandes piscinas onde os líderes estão desenvolvendo as suas competências de empreendedorismo a fim de promover as inovações necessárias em cada região.

Um bom sistema de comunicação entre as Consultoras e a empresa também é fundamental como apoio para a realização do trabalho de vendas. Seja um sistema de atendimento telefônico, seja um portal estável e ágil na Internet, seja o sistema de logística para permitir que o produto encomendado chegue ao cliente corretamente e no prazo acordado, o apoio depende de pessoas e de processos. Juntos, eles vão gerar relacionamentos, base de todo o trabalho da Natura.

Outra iniciativa de apoio a Consultoras e consumidores é a criação das Casas Natura. Elas são espaços de suporte aos consumidores e às atividades das Consultoras, tanto por meio de demonstrações de uso de produtos como por meio de cursos e eventos dirigidos à força de vendas. Toda Casa Natura dispõe de computadores para que as Consultoras possam encaminhar os seus pedidos eletronicamente.

A alavanca simboliza apenas uma força instrumental, movida e controlada por uma força superior, provida de intencionalidade. Apoio e alavanca somente geram movimento se as pessoas souberem montar o dispositivo com a intenção de mover o mundo. Metaforicamente, podemos dizer que o uso da alavanca ajuda a retirar pedras do caminho, principalmente aquelas mais pesadas. Dificuldades fazem parte da vida humana. A velocidade em superá-las e a capacidade de inovação para criar alavancas que permitam movê-las vão apontar a maturidade da empresa em aperfeiçoar seus processos para promover a realização de suas finalidades junto aos públicos com os quais se relaciona.

Relações, uma vocação de Luiz e da Natura. Visto muitas vezes como uma espécie de guru pelas Consultoras, Luiz recusa o rótulo e distingue a vaidade do amor próprio.

> *É para mim uma alegria muito grande estar em contato com as pessoas, em especial aquelas que conosco constroem a Natura: colaboradores, Consultoras, nossos gestores. Isso me entusiasma. Sentir a chama que cada um tem dentro de si. Poder falar sobre vocação, sobre sentido para a vida. Acho que minha vocação, meu chamado, está voltado para a comunicação. Deixo-me tomar pela alegria de estar em relação e não por ser visto como guru ou algo semelhante. Prefiro assim porque, se temos por um lado uma vocação que deve ser exercida, por outro lado temos o risco das vaidades que os rótulos possam despertar. Ego pode ser bom, mas somente se o conhecermos e seguirmos bem o seu modo de usar.*

Como metáfora do apoio, a alavanca é o instumento por excelência da valorização das relações. Com todos os públicos da empresa.

8. CONFIANÇA E A FÁBULA DOS DOIS JUMENTOS

A confiança nas organizações não é um tema simples. Assim como o apoio, a confiança é atributo da relação. Ela existe a partir da interação entre dois atores que têm interesses mútuos ou compatíveis, pelo menos em alguma questão, em um contexto transacional específico. Quem confia tem a expectativa de que a pessoa que recebe a sua confiança não agirá de modo oportunista. Essa é a base da confiança. Trata-se de um investimento voluntário da pessoa que confia, sem recorrer a mecanismos de segurança ou controle. Como todo investimento, confiança envolve risco. Cada relação de confiança depende, assim, das expectativas das pessoas envolvidas no relacionamento.

> *Com o devido respeito por cientistas e sociólogos – que podem ver na cordialidade do brasileiro um "jeitinho", uma sombra, uma dificuldade de viver o confronto, a divergência –, eu acho que a gente pode considerar um lado iluminado dessa característica, que me ocorreu justamente ao conviver com outras culturas. Pensando a cordialidade a partir da etimologia da palavra, o coração, acho que essa qualidade pode ser muito valorizada nas relações pelo que ela traz de calor e confiança. Em sua ausência há o predomínio da racionalidade, o que pode ser algo redutor do potencial dos encontros humanos,*

além de acrescentar frieza, condição que leva ao individualismo exacerbado. Pelo coração podemos alcançar a união, intuir a unidade.

A partir dessas reflexões concluí que a convivialidade do brasileiro pode ser uma qualidade muito admirada por outras culturas. Esse ponto de vista foi muito bem acolhido em algumas oportunidades em que explorei a ideia em entrevistas com jornalistas franceses. Sempre achei que há uma ponte unindo a França e o Brasil. Tanto quanto a luminosidade do país, acho que os franceses são atraídos pela luminosidade do coração brasileiro.

O brasileiro é de fato cordial. Essa marca constitui um eixo relacional, segundo pilar da sua cultura, que começou a ser abordada no capítulo anterior quando se falou do eixo do poder. A capacidade de relacionamento do brasileiro, como qualquer traço cultural, tem o seu "lado sol" e o seu "lado sombra". Do lado iluminado, representa cordialidade, comprometimento, afetividade e confiança. Do lado obscuro, há o jeito Macunaíma de ser, dissimulado, de quem evita o conflito e a transparência. Esse traço gera a ambiguidade da crítica velada, dirigida a terceiros. Quando se tem a oportunidade da crítica direta, a falta de confiança induz a um comportamento escamoteado, em que críticas feitas aos pares são omitidas do líder ou mesmo do subordinado.

Numa atmosfera de limitação, na qual a concentração de poder dificulta o enfrentamento e a discordância, evita-se o conflito a todo custo. Como os conflitos provocam constrangimentos no grupo, eles não podem ser tratados diretamente, sob pena de atrapalhar os relacionamentos e a suposta harmonia da "equipe". As pessoas que estão em posição subordinada tendem a evitar o conflito valendo-se de subterfúgios como a fofoca, o boato e a dissimulação. Os pontos de discordância vão ficando adormecidos, a performance vai sendo corroída e chega-se ao fenômeno do subdesempenho satisfatório[33] – como já dito, uma doença corporativa comum, encontrada em empresas do mundo inteiro. Trata-se de um mecanismo de racionalização. Os dirigentes podem até admitir, no seu íntimo, que é possível melhorar o desempenho da empresa. Mas se contentam com o baixo desempenho em uma fase de crise ou com o desempenho inercial, aquele decorrente de iniciativas de outra geração de gestores, que poderão promover resultados positivos em um contexto favorável.

> ### A FÁBULA DOS DOIS JUMENTOS[34]
>
> Dois jumentos estavam amarrados pelo pescoço por uma corda, um de costas para o outro. À frente de cada um havia um apetitoso feixe de feno. Mas quando o primeiro jumento se aproximava do alimento, a corda se retesava e afastava o outro da sua ração. Assim, como num jogo de cabo de guerra, os dois animais não conseguiam se alimentar. Descobriram, enfim, que ambos podiam aproveitar o feno se se voltassem juntos para cada feixe a cada tempo. Caminharam juntos, então, para um lado e dividiram o alimento. Em seguida, repetiram a conduta com o feixe de feno que estava do outro lado.
>
> Essa fábula mostra que, em uma relação de desconfiança, o ganho de um é a perda do outro; é o ganha-perde, que se baseia no poder. Já no relacionamento apoiado na confiança as partes compartilham o seu destino, vão juntas em direção a um objetivo comum e ambas ganham.

A dimensão da confiança, no âmbito interpessoal, ocorre a partir do relacionamento entre os atores, num momento específico, com base em informações adquiridas no passado e no presente. Ou seja, a confiança depende da reputação da pessoa em quem se confiará. Quando existe confiança, os instrumentos de controle pessoal são dispensáveis, gerando economia no processo transacional e evitando o indesejável controle burocrático que parte do princípio de que todos são desonestos. Nesse contexto de desconfiança, tão presente nas empresas tradicionais, o controle passa a ser mais importante que o resultado. Mesmo que as pessoas não percebam, essa disfunção destrói lentamente o desempenho individual e organizacional. É o caso dos jumentos que, enquanto pensavam apenas em si mesmos e desconheciam sua interdependência, brigavam para conquistar a sua própria ração, gastando tempo e energia.

Note-se que o clima de confiança no relacionamento interpessoal é mediado pela afetividade, que tem a marca da contradição, com seu "lado sol" e seu "lado sombra", de cordialidade e dissimulação. Essa afetividade está no núcleo do terceiro eixo da cultura brasileira, a flexibilidade. O brasileiro é capaz de transitar nos espaços dos líderes e dos liderados. Confia desconfiando. Ao mesmo tempo, demonstra capacidade de adaptação a mudanças organizacionais, econômicas, tecnológicas e de regras; o brasileiro é criativo. A criatividade tem um elemento inovador, ao passo que a adaptabilidade é conservadora, ocorre dentro dos limites preestabelecidos. Esses traços são as duas faces da flexibilidade.[35]

É dentro de um contexto, inclusive cultural, que a relação interpessoal, seja de confiança, seja de desconfiança, ocorre. Talvez nas dimensões relacional e de flexibilidade a Natura seja mais brasileira do que a maioria das empresas nacionais. Já na dimensão do poder tem lutado com sucesso para mudar o curso natural do autoritarismo disfarçado. Aí está o papel dos dirigentes de empresa. Afinal, não é para isso que eles são necessários? Manter o fluxo natural não seria bem o seu melhor papel. Espera-se que eles identifiquem as oportunidades e necessidades de mudança, o que caracteriza a ação "agridoce".

Os traços da cultura brasileira permeiam a cultura das organizações, inclusive da Natura. Na empresa, portanto, a confiança deve ser pensada além da confiança interpessoal, em uma dimensão sistêmica – que diz respeito ao grau de confiabilidade que o indivíduo percebe na organização a partir da sua experiência nos relacionamentos, das regras de reciprocidade, do desenvolvimento de reputações pessoais. Trata-se de uma construção social realizada mediante a percepção coletiva dos relacionamentos ao longo do tempo. A dimensão sistêmica da confiança não se refere, pois, a um contexto específico determinado, mas a um conjunto de relações historicamente construído, em um sistema social de menor escala, como a organização.

> *O coração do brasileiro caracteriza-se pela gentileza e eu me considero muito brasileiro nesse sentido. Infelizmente, nossa civilização, em sua "modernidade", tem alterado um pouco a natureza de muitas pessoas,*

seu potencial, sua vocação para a vida. Aldous Huxley, pouco antes de morrer, indagado sobre que conselho ele daria à humanidade, depois de tê-la estudado tanto, teria dito: "Só precisamos ser um pouco mais gentis uns com os outros." Aos olhos do mundo, poderíamos ver no povo brasileiro aquele que corresponderia ao ideal de Huxley.

A confiança no âmbito sistêmico é o motor do desempenho superior das organizações. Quando as relações se locupletam de contratos formais em um sistema social como a empresa, é sinal de que algo não vai bem. O excesso de regulação reforça a limitação e incentiva a passividade. Uma coisa é o relacionamento do colaborador com a sua empresa, geralmente objetivado em um contrato de trabalho, ou mesmo a contratação objetiva e subjetiva de expectativas estabelecidas nas relações da empresa com o indivíduo e vice-versa, entre chefe e subordinado, entre pares, enfim, entre as pessoas que se relacionam no ambiente organizacional. Outra, bem diferente, é a tentativa de regular e controlar os relacionamentos entre colegas ou áreas da empresa por meio de contratos e normas, na falsa expectativa de que eles regularão todas as relações de forma satisfatória. É a falsa expectativa de controlar as pessoas nas suas ações e interações.

A tendência nesse tipo de empresa é o contrato procurar estabelecer tudo o que pode e o que não pode ser feito, todos os direitos e deveres das partes. Nesse contexto, parece haver sentido na citada afirmação de Hobbes,[36] para quem o contrato é a celebração da desconfiança. Uma das consequências curiosas dessa tentativa, na cultura brasileira, é que o empregado tende a pensar que o que não está escrito é permitido. Além disso, toda vez que algo não escrito for praticado e não for de agrado de quem está no poder da empresa, tal comportamento passará a fazer parte do contrato. Trata-se de um caráter denegatório de toda norma. Ela surge porque a sua transgressão foi observada. Por isso, uma nova cláusula deve prever o problema para que não haja conflitos, que nesse tipo de empresa são considerados desnecessários.

Só é possível falar de confiança em uma empresa quando as pessoas veem na realização do todo uma condição para a realização de si mesmas.

Essa percepção exige que o indivíduo se veja como parte de uma comunidade da qual depende e a quem está disposto a servir. De uma perspectiva meramente individual, sem a indicação de um serviço à comunidade ou à humanidade, a confiança de que estamos falando é impossível.

> *Sempre voltaremos à frase de Plotino, que reverbera em meu coração e mente, desde a adolescência: "O uno está no todo, o todo está no uno."*

Mais uma vez, observa-se a importância de que as pessoas que trabalham na empresa demonstrem maturidade para compreender que a autorrealização pressupõe o reconhecimento óbvio de que dependemos da comunidade para ser felizes.[37] Mesmo um individualista sabe que para ser feliz precisa fazer o outro feliz, não por mero interesse utilitarista, mas por compreensão de que todos se favorecem na criação de um clima de aperfeiçoamento pessoal e de uma atitude de serviço ao ser humano. Quando as partes se sentem pertinentes (no sentido de pertencimento) ao mesmo todo, elas percebem que estão trabalhando para o bem de si mesmas, que é o bem da coletividade. Mas se a atmosfera não favorece o clima de justiça nos processos, as pessoas tendem a guardar o que têm de melhor.

> *A compreensão do pensamento sistêmico é fundamental para entendermos a importância da confiança e da ética. Com essa base podemos alcançar a compreensão até mesmo dos princípios da sustentabilidade... Em meus encontros com colaboradores e Consultoras, tenho oportunidade de explorar esse ponto de vista contando a história da deusa grega Ananque, a deusa da necessidade. Na mitologia grega era ela a quem mesmo os deuses do Olimpo estavam subjugados. Ainda hoje e sempre, é a necessidade que mobiliza toda a sociedade humana. O indivíduo, a família, a cidade, o estado, o país, o concerto das nações.*
>
> *Há diferentes formas de lidar com a necessidade em cada uma dessas instâncias. À medida que cada um descobre o quanto uns dependem dos outros é que se passa a conhecer os princípios da ética.*

> *De um lado temos necessidades que só podem ser satisfeitas com os relacionamentos, de outro há a descoberta de que com ética todos podem ser atendidos em suas necessidades. Assim é o pensar sistêmico. Ananque está no fundo de tudo o que mobiliza a aventura humana. Só que, quando pensamos na necessidade de uns e de outros, percebemos que é necessário um ponto de união entre todos. Esse ponto é a ética.*

A confiança nas organizações, em suma, é um fenômeno ao mesmo tempo interpessoal e social. Ele depende da interação entre as pessoas e também do contexto em que a relação se estabelece. O clima de cordialidade em uma empresa é fator fundamental para a construção de um clima favorável na organização. Reciprocamente, o clima da organização se reflete nas relações estabelecidas no seu interior. A cultura de confiança é gerada pelas relações de confiança e, simultaneamente, produz essas relações. Há uma interdependência entre as relações particulares e as sociais, cuja dialética promove o *ethos* organizacional.

> *As duras lutas que tivemos no início da Natura, as dificuldades ao fim de cada mês, foram me ensinando coisas simples mas preciosas. O quanto as pessoas afetam suas relações, frequentemente por falta de atenção ao outro, por exemplo. Um excesso de objetividade, de concretude, pode levar a uma forma de insensibilidade. Só que nossa vida é feita também de invisível. Estamos todo o tempo lidando com rejeições, reais ou imaginadas, e com o medo. E para o medo, que tanto imobiliza e nos subtrai vida, só há um antídoto: o amor. Amar a vida e o que temos para fazer é algo que sempre procuro compartilhar com nossos colaboradores e Consultoras.*

Quando há confiança, pressupõe-se que cada parte sempre vai querer o que é bom para si mesmo. A consciência de que, para ser satisfeita, a minha necessidade precisa contemplar a do outro é derivada do sentimento de pertencimento ao todo. Saber-se parte do todo garante que a pessoa não vai prejudicar aquilo de que faz parte. Seria prejudicar a si mesma. A aceitação do pressuposto de que as pessoas devem buscar o que é bom para elas, aliada ao pressuposto de que as partes de um todo são interdependentes, produz o clima de confiança, presente em empresas como a Natura.

9. RESULTADOS EMPRESARIAIS E O SIMBOLISMO DO TAO

Os resultados empresariais, produto da existência da Natura, têm profunda relação com o seu fundamento, o seu começo, a sua *razão de ser*. Da origem, a paixão pela cosmética e pelas relações que fundamentam a vida, ao fim, o resultado produzido por todo o processo de transformação industrial, percebemos a unidade entre o princípio e o alvo. Começo e fim se unificam lembrando a harmonia do Tao.

O TAO

O Tao é um símbolo chinês representado por um círculo dividido em duas metades iguais por uma linha sinuosa, uma parte preta (*yin*), a outra branca (*yang*). Cada uma delas tem um pequeno círculo no meio do tom contrário para simbolizar que toda modalidade encerra sempre um germe que a ela se opõe. Assim, a metade *yin* contém um ponto *yang*, e a metade *yang*, um ponto *yin* – sinal da interdependência dos contrários, vestígio de sol na sombra e de sombra no sol. O *yin* e o *yang*, embora representem dois contrários, não se opõem de modo absoluto porque entre eles há um período de mutação que possibilita uma continuidade.

A compreensão da unidade de estrutura dos contrários – irmã da ideia de que o uno está no todo e o todo está no uno – é condição fundamental para a distinção entre os resultados econômico-financeiros perseguidos pela empresa tradicional e os resultados empresariais buscados pela empresa renovada, como definidos no primeiro capítulo.

Quando o que está em jogo é mais do que uma operação financeira, os resultados vão além da dimensão econômica. O retorno financeiro, quando visto como objetivo principal ou, por que não dizer, único, é desvinculado das outras dimensões empresariais, como se isso fosse possível. Assim, resultados financeiros por si só não se sustentam. Eles só existem como produto do conjunto de ações de uma empresa: da relação comercial de venda de seus produtos ou serviços; do compromisso e da competência das pessoas que ali trabalham; de uma estratégia bem desenhada, com processos e estrutura que a suportem; de uma abordagem de tecnologia adequada e magnetizada pela visão de futuro – e permeada pela ação da cultura e da liderança. Esse conjunto de interações é que produz resultados empresariais e gera resultados favoráveis em todas as outras dimensões, inclusive na econômico-financeira. É legítimo e absolutamente necessário o pressuposto de que uma empresa busque resultados econômicos. Mas é miopia, ainda existente em diversas partes do mundo, a busca desse resultado apenas no âmbito financeiro, sem considerar as esferas humana, social e ambiental.

Os resultados econômicos são eficazes quando se atingem as metas preestabelecidas. Eficácia diz respeito ao cumprimento de objetivos. Mas uma empresa eficaz não é necessariamente uma empresa eficiente. Eficiência não se mede apenas pela realização do objetivo, mas também pelo custo envolvido no cumprimento desse objetivo. Tal custo hoje não diz respeito somente à empresa, mas ao planeta e a todos os públicos com os quais ela se relaciona. O processo de produção da Natura afeta, por exemplo, comunidades extrativistas que dependem da floresta em pé para o seu sustento. Daí o moderno conceito de ecoeficiência.[38] Várias empresas brasileiras têm buscado ampliar o foco econômico-financeiro, mas as dificuldades são muitas quando os valores centrais não suportam as dimensões sociais e ambientais. O cuidado com a natureza ou o apoio à comunidade são vistos, nesse caso, não como um compromisso da empresa, mas como um investimento, calculado financeiramente. A geração de valor tende a focar apenas os acionistas, desconsiderando a justa distribuição de valor para outros atores da rede empresarial.

Luiz costuma repetir que a Natura não vende apenas produtos, mas também uma linguagem. Como já revelado no Capítulo 3, a paixão pela cosmética nasceu ao se revelar a possibilidade de promover melhor relação da pessoa com seu corpo, com os outros e com o mundo. Por levar ao cliente não somente um produto mas também uma mensagem, a opção pela venda direta se fez fundamental. Sem a linguagem, o produto fica pobre e tem limitado o seu potencial de promover o *bem estar bem*. Com a linguagem, ele amplia a possibilidade de realização do seu propósito. Um dos membros do Conselho de Administração diz que a competência central da Natura é desenvolver pessoas. No interior da empresa ou na relação com as Consultoras ou ainda na relação das Consultoras com seus clientes, a lógica do desenvolvimento das pessoas permeia todos os elos da organização. O produto só chega até o consumidor final por meio de relações, realizadas por pessoas. O *bem estar* que o produto promove induz ao *estar bem* dos indivíduos envolvidos em todo o processo industrial e comercial.

Nessa perspectiva, a Natura vem priorizando o lançamento de novos conceitos e linhas de produtos. A linha tem um conceito norteador subjacente ao portfólio. Esse conceito se associa ao produto, levando ao consumidor não apenas a qualidade do artigo consumido mas também a mensagem que o inspira. Uma linha de produtos permite a explicitação da mensagem do *bem estar bem* com maior profundidade. A ideia de conceito de produto não existia na indústria de cosméticos até o pioneirismo de Luiz.

> Tive a ideia de conceituar linhas de produtos a partir da própria constatação de que cosméticos representam um grande instrumento de comunicação entre mente e corpo, um meio para promover bem-

estar, boas emoções e sentimentos. Partindo desse princípio, fomos imaginando linhas em que nossa visão de mundo, privilegiando a qualidade das relações, a integração mente-corpo, indivíduo-natureza-sociedade, pudesse se expressar mais amplamente.

Embora o mantra do *bem estar bem* esteja na concepção e elaboração de cada produto, em uma linha de produtos ele ganha a expressão de linguagem, articulada com as crenças da empresa. Produto e linguagem promovem a ampliação da consciência, uma conexão maior do indivíduo consigo mesmo e com o mundo do qual faz parte. É o caso da linha Chronos, da Mamãe & Bebê e da Ekos.

A linha Natura Chronos remete a um deus grego, o Deus Tempo.

O MITO DE CRONOS

Cronos é o Deus Tempo, na mitologia grega, aquele que tudo constrói, tudo destrói. Filho de Urano (o Céu) e de Geia (a Terra), Cronos era um titã, casado com Reia. Depois de destronar o pai e assumir o poder, ele temia a profecia de que perderia o trono para um filho. Obrigava Reia, então, a lhe entregar os filhos recém-nascidos e os devorava avidamente. O que ele gerava, destruía, para desespero da esposa. Quando ficou grávida do caçula de Cronos, Reia inventou um ardil. Depois do nascimento de Zeus, deu ao marido uma pedra envolta em tecidos de linho, a qual Cronos devorou sem perceber o artifício. Zeus cresceu na Terra, destronou o pai e fez cumprir a profecia que Cronos tanto temia.

Somos filhos e filhas de uma civilização que nos faz temer os sinais do tempo e o envelhecimento. A consciência de nossa finitude está lá, bem no fundo da dor de viver. Isso nos acompanha desde os gregos e romanos, fundadores de nossa cultura, mas, à medida que a humanidade se torna mais materialista e individualista, esse sentimento fica mais agudo.

Nossa experiência na Natura nos levou sempre a procurar compartilhar a visão de Cronos como um deus amigo, já que o tempo faz parte da contingência humana e, afinal, queremos viver. Para viver bem a vida, nos parece fundamental nos conciliarmos com o tempo, vivendo, como seres da natureza que somos, em harmonia com as estações de nossa vida.

Foi com esse fundamento que, percebendo os cosméticos como instrumentos para o bem-estar, constatamos que grande parte do que se divulgava na indústria cosmética internacional promovia o contrário, isto é, explorava o medo do passar do tempo, afirmando uma impossibilidade: produtos antitempo ou anti-idade! Isso se evidenciou quando, ainda no início de meu entusiasmo com o potencial da cosmética na vida de todo dia das pessoas, descobri em uma revista americana a publicidade de um dos cremes mais desejados daquela época: Eterna 27! Pareceu-me evidente que, independentemente das qualidades do produto, as clientes nele buscavam um conforto, mesmo que alienante. Desde então, repudiando as falsas promessas, nos comprometemos em dizer a verdade como a percebíamos, convictos de que assim teríamos uma grande oportunidade para, pouco a pouco, libertar as mulheres dessas manipulações. Foi com esse fundamento que criamos o conceito da Mulher Bonita de Verdade.

A questão do tempo, sua celeridade e sua inevitabilidade, sempre motivou a reflexão de Luiz Seabra. Na primavera de 2007, quando residia em Londres, Luiz escreveu um segundo poema inspirado no poeta e escritor argentino Jorge Luiz Borges:

Em uma noite de insônia, percebi em torno das 2 da manhã que uma das obsessões de Borges, o espelho, vinha mexendo comigo, com meu inconsciente, e que eu tinha de escrever algo a respeito naquela noite. De novo, fui para o notebook e o texto saiu na hora. Antes das 3 horas eu já dormia profundamente. Em paz.

Borgiana 2

*No espelho, quem me olha
é o tempo. Não eu.
Embora dele eu seja matéria,
como acreditava Borges,
a voz que me habita, o que realmente sou,
o espelho não reflete.*

*Encontro do grande mistério,
com outro enigma: o tempo em forma de corpo.
Corpo que, dizem, sou eu. Mas eu, quem sou?
Esse "eu" que este corpo acompanha, que pensa,
que registrou tanta vida, tanta dor, tanto amor?
Esse eu sem idade, invisível, na verdade, aqui mora.*

*Refletido no espelho, no olhar do outro,
nos enganamos todos, pensando que ele sou eu.
Ele, que passa, como o rio de Heráclito,
que amanhã será outro, até deixar de ser.
Mas, como nos diz Parmênides, o ser É.
E, sendo, só pode continuar a ser.*

*Entre memórias, esquecimentos e esperanças,
esses dons que deuses piedosos nos deram,
uma verdade me espanta,
como a noite, como a aurora:
a finitude, marca do corpo, me amedronta,
o eterno, hipótese do espírito, me apavora.*

*Passado e futuro, invenções astuciosas,
me distraem, atormentam, consomem.
Ilusões me alienam e alimentam, sedutoras,
o mesmo engano que me envenenou outrora,
buscando naquelas dimensões a paz inalcançável,
que a criança em mim conheceu, quando só vivia o agora.*

Uma das dimensões do resultado empresarial é o efeito sobre as pessoas – colaboradores, clientes, fornecedores, enfim, todos os que interagem com a organização. Quando a cosmética de fato amplia a consciência do seu cliente e promove o *bem estar bem*, ela está realizando a sua *razão de ser*, origem da paixão de Luiz Seabra.

> Em 1997 recebi uma carta muito generosa de uma cliente de Belo Horizonte, a Vera Lúcia. Sua carta sintetizava de forma particularmente bela o sentimento de gratidão, que muitas outras clientes tinham expressado após tomar conhecimento do posicionamento da Linha Chronos, pelo conceito da mulher bonita de verdade, que as libertara dos padrões de beleza inalcançáveis praticados pela indústria cosmética.
>
> Vera Lúcia terminava sua carta de agradecimento com a Bênção Irlandesa, *que passei a declamar com frequência em encontros com Consultoras e, mesmo, em outras apresentações, por sua beleza tão simples, pela manifestação pura de fraternidade, esperança e entrega:*
>
> **Bênção irlandesa**
>
> *Que o caminho seja*
> *brando aos teus pés,*
> *Que o vento sopre leve*
> *nos teus ombros,*
> *Que o sol brilhe cálido*
> *em tua face*
> *e as chuvas caiam*
> *serenas sobre os teus campos.*
> *E, até que eu volte a te ver,*
> *que Deus te guarde,*
> *na palma de Sua mão.*

Assim como a linha Chronos, a linha Mamãe & Bebê também se vale de um conceito forte implícito em um portfólio de produtos: o amor fundamental, experiência do vínculo entre mãe e filho desde a gestação.

Com base em pesquisas de mercado, a Natura sabia que as consumidoras receberiam muito bem uma linha infantil. Mas o processo criativo para o lançamento não atendia à intuição de Luiz e à sua compreensão da cosmética.

> *A partir de 1987 nossa força de vendas passou a nos sugerir o lançamento de uma linha infantil. Como tínhamos já alcançado grande credibilidade pela reconhecida qualidade de nossos produtos, tudo levava a crer que o mercado receberia nossos produtos infantis muito bem. Mas não havia projeto nenhum que nos convencesse... Normalmente eram propostas que reproduziam o que o mercado praticava: personagens da Disney ou algo similar. Em meio a intensa atividade e grandes mudanças (entre elas a fusão das empresas do sistema, no final de 1988), esse projeto foi sendo postergado, enquanto não descobríamos aquela que seria a linguagem que expressaria nossa visão mais profunda para esse público.*
>
> *No dia 25 de abril de 1992, uma pequena notícia de jornal dizendo que testes clínicos nos EUA tinham comprovado que bebês submetidos a massagens tinham melhor desenvolvimento psicomotor, sofriam menos cólicas, tinham um sono mais tranquilo e um melhor aproveitamento dos nutrientes nos trouxe finalmente a inspiração que nos faltava!*
>
> *Percebi de imediato que o que deveríamos lançar não era uma linha infantil convencional, mas uma linha de produtos que colocasse em relevo uma relação fundamental em nossas existências, a relação existente entre a mãe e o bebê. Eu já conhecia há muito o método shantala, assim denominado pelo dr. Leboyer em homenagem a uma mãe da Índia a quem ele assistira massageando seu bebê, como é costume local. Nasceu assim, em um estalo, que levou tanto tempo para acontecer, a linha que desde seu lançamento propõe o aprofundamento do vínculo entre mãe e bebê, base de uma vida mais feliz.*
>
> *Chegando na empresa, a ideia prosperou incendiariamente. Em poucos dias já tínhamos colaboradores se inteirando das pesquisas*

feitas na Universidade da Flórida. No fim daquele 25 de abril dei-me conta de que aquele era o dia do nascimento de minha mãe (já falecida à época). Comovido, imaginei que, em seu aniversário, minha mãe me presenteara com uma linha que homenageia o amor fundamental de nossas vidas.

Luiz percebeu, então, que a relação mãe-filho deveria ser privilegiada pela Natura. Os produtos deveriam suprir algumas das necessidades dessa relação, desde antes do nascimento, e contribuir para o fortalecimento do vínculo entre a mãe e o bebê. Havia aí uma oportunidade de transmitir conhecimento para a sociedade, proporcionar o aperfeiçoamento das relações, contribuir para a formação de pessoas melhores. A linha Mamãe & Bebê surgia sob o conceito "Há vida em suas mãos".

A conjugação entre o valor do produto e o valor da linguagem encontra nas Consultoras um papel fundamental. O universo de Consultoras é muito diversificado e exige da empresa investimento contínuo para divulgar seus conceitos e disseminá-los mais profundamente.

> *Há um risco de divisão, em nossa força de vendas, entre aquelas Consultoras que, eventualmente, sobretudo durante o primeiro e o segundo ano de atividade, se concentram nos produtos mais simples, de consumo mais massivo, e aquelas que absorvem a linguagem mais ampla da Natura, os conceitos, e sabem adequar os tratamentos e diferentes produtos às necessidades de nossas clientes. Nosso desafio é conseguir, através de nossos treinamentos e diferentes interações, disseminar o que realmente é a razão de ser da empresa e assim demonstrar o quanto o bem estar bem é nossa forma de exercer o pensamento sistêmico, promovendo harmonia, conforto e beleza na vida das pessoas e buscando, ao mesmo tempo, defender o futuro da vida em nosso planeta.*

Ao buscar resultados empresariais (e não apenas resultados econômico-financeiros), a empresa deve fazê-lo com base em princípios éticos. Mas o que é ética? A ética pode ser definida como a parte da filosofia que reflete acerca dos valores e critérios que determinam a escolha de uma conduta adequada. Na escolha de uma conduta que se considera a melhor, é papel da ética clarificar os valores e critérios que determinaram essa escolha. A reflexão ética, no âmbito pessoal, como bem nos lembra Aristóteles,[39] tem como objetivo a felicidade humana.

Costumo mencionar para nossas Consultoras uma "fórmula da felicidade" de Teillhard de Chardin. É uma fórmula em três passos na qual se percebe grande consonância com a razão de ser da Natura:

1º Cultivar uma vida interior rica. Pouco a pouco, vamos descobrindo, ou redescobrindo, como ouvir nossa alma, como sentir seu projeto para nossa vida. Em um mundo que tanto solicita, que nos chama tanto para o externo, este não é um passo fácil. Temos de aprender a fazer silêncio dentro de nós.

2º Descobrir o outro. Esta descoberta não consiste apenas em conhecer pessoas. É alcançar aquele grau de atenção que nos permite realmente ouvir e sentir o outro, em toda a sua diversidade. Este nível de "entrega" pode nos ensinar quem realmente somos e para que estamos aqui. O outro pode ser um grande espelho em nossa vida.

3º Descobrir com o outro uma razão de ser maior do que nossa própria vida. Um ideal maior, que nos mobilize e pelo qual valha a pena viver. Essa fórmula tem um sentido especial porque demonstra o quanto a felicidade em nossa existência está ligada ao servir, às relações que nos permitem ultrapassar os limites de nosso ego.

Podemos perguntar se, no mundo dos negócios, é possível ser feliz. É claro que a felicidade é uma instância do ser ou da alma, altamente subjetiva. Mas a empresa pode promover oportunidades de uma vida feliz, de muitas vidas felizes. Para que ela possa promover a felicidade, tanto para o seu público interno como para os seus *públicos* externos, ela deve propiciar a introspecção de seus colaboradores e, se possível, das outras pessoas com quem ela se relaciona. Deve, também, para atender ao segundo passo da fórmula de Chardin, descobrir a riqueza da relação com o outro, abrir-se ao diálogo e ao relacionamento. Finalmente, a *razão de ser* da empresa deve extrapolar o interesse pessoal ou corporativo e buscar um ideal que seja maior do que a sua existência. Para isso, ela vai precisar de pessoas para as quais o sentido da vida extrapola o sentido da sua própria vida.

Em última análise, a felicidade deveria ser a meta de toda atividade humana. Tudo o que não estiver a serviço da felicidade deve tornar-se meio de promovê-la. Resultados econômico-financeiros são a parte tangível de resultados empresariais. Estudos vêm demonstrando que a acumulação de riqueza leva a bem-estar à medida que as privações básicas são eliminadas da vida dos cidadãos. Mas, após certo nível de renda, o aumento da riqueza não leva necessariamente a um correspondente aumento da felicidade.

O Produto Interno Bruto (PIB), por exemplo, que mede a riqueza de um país em termos numéricos, tem sofrido críticas pelo fato de não contabilizar custos ambientais. Ele registra apenas o volume de transações econômicas, inclusive aquelas oriundas de tragédias como terremotos e furacões. A destruição de toda uma cidade por um terremoto não aparece no PIB, a não ser pela interrupção das atividades econômicas que aconteciam na região devastada ou pelas atividades econômicas que se iniciaram para a reconstrução do local. Curiosamente, tragédias que provocam a infelicidade dos cidadãos podem incrementar o resultado do PIB.

No ano de 2009, a Natura discutiu internamente o índice da felicidade interna bruta (FIB), criado em 1972 no Butão, um pequeno reino do Himalaia, por iniciativa do rei Jigme Singye Wangchuk, uma das 100 pessoas mais influentes do mundo segundo a revista *Time*. Os indicadores da FIB são: padrão de vida, saúde, educação, proteção ambiental, bem-estar psicológico, diversidade cultural, uso equilibrado do tempo, boa governança e vitalidade comunitária. O pressuposto desse índice é que a renda existe para aumentar a qualidade de vida, para permitir a felicidade. A Natura, em parceria com o instituto responsável por disseminar os princípios da FIB no Brasil, reuniu 50 colaboradores voluntários para testar o caminho pioneiro da aplicação do processo e da mensuração dos indicadores no ambiente corporativo.

Não é tarefa fácil ser feliz. Chamfort, citado em livro de um de nós,[40] afirmou que "é muito difícil encontrar a felicidade em nós e impossível encontrá-la em outro lugar". A vida empresarial, principalmente nos cargos do topo hierárquico, tende a impedir oportunidades de vida interior. Dados de pesquisa de um dos autores deste livro[41] revelam que 84% dos executivos não estão felizes na vida profissional. Na vida pessoal, 54% não estão felizes. No geral, considerando as duas dimensões, 76% dos executivos não se sentem felizes. Frequentemente, os executivos não criam condições para ter ou aumentar a governabilidade de si mesmos. Em outras palavras, mesmo presidentes de empresa e diretores de alto escalão não conseguem ter controle sobre a própria agenda para se comprometerem consigo mesmos. Esse é um dos paradoxos que o executivo vive, especialmente quando tem paixão pelo que faz. Disciplinadamente, cada um deve proteger algum tempo do seu cotidiano das demandas profissionais, para não cair na armadilha de achar que vida de executivo é assim mesmo. Esse tempo pode ser dedicado à vida interior.

> *Não é possível fundar e conseguir fazer prosperar uma empresa como a Natura sem investir a própria alma. O trabalho absorve, toda sua energia se volta para ele. Difícil conseguir tempo e disciplina para cultivar a vida interior, para as leituras, para os exercícios físicos, tão fundamentais. Sentia essa dificuldade, sobretudo nos primeiros anos de atividade. Ser um empresário bem-sucedido, especialmente em um negócio com tanto glamour como o nosso, pode nos colocar diante da armadilha do sucesso. Ficamos cercados por belas paredes, gente simpática e afetuosa – é um dos lados, felizes, da vida. Mas não é toda a vida.*

Conciliar o tempo dedicado ao trabalho com o tempo para os outros lados da vida constitui um tremendo desafio do mundo moderno. De um lado, a capacidade de reflexão, de se imaginar sujeito da própria história, de fazer-se ao mesmo tempo ator e espectador na trama da vida, indicará as possibilidades de impor limites às demandas do trabalho. De outro, as exigências do mundo do trabalho são crescentes. Metas cada vez mais ousadas, velocidade de entrega se superando a cada dia, custos permanentemente no foco, cumprimento de prazos, tempo escasso para gerir pessoas e relações, necessidade de aperfeiçoamento constante, luta pelo poder e o teatro organizacional que drena energia das pessoas – tudo isso dificulta a harmonia entre a vida interior e o trabalho. Luiz, como a maioria dos executivos, também viveu esse dilema quando esteve à frente da presidência da Natura.

> *Eu achava que todo esse conforto podia representar um risco do ponto de vista filosófico. O tempo passa aceleradamente, a consciência de nossa finitude torna-se cada vez mais presente e a ansiedade daí resultante pode buscar refúgio no conhecido, no dia a dia previsível e que dá a impressão de que podemos controlar... Foi assim que, mais ou menos aos 42 anos, com a Natura já sendo uma realidade indiscutível e eu tendo alcançado certa autonomia, comecei a imaginar que gostaria de viver períodos sabáticos a partir dos 50 anos. Eu imaginava que viver geograficamente distante da Natura, de seu operacional, seria uma forma de resgatar a alma que eu investira e da qual a empresa já não precisava, detentora de uma nova, coletiva e vigorosa alma. Eu imaginava que, criando esses espaços e habitando anonimamente outras cidades, poderia ter "mais tempo" subjetivo, entrar mais em contato com questões de nossa existência. E ler mais, por exemplo, uma das minhas paixões e que o dia a dia não costuma facilitar.*

O segundo passo para a vida feliz, de acordo com Chardin, está na essência do modo de ser da Natura: o valor das relações. Ainda que o dia a dia da empresa exija maior disciplina na gestão da agenda dos executivos, o conceito de que a vida é um encadeamento de relações perpassa os processos da empresa com seu público interno e externo. A qualidade de seu relacionamento com colaboradores, Consultoras, governo, comunidade, fornecedores, concorrência e acionistas é fator fundamental para o expressivo crescimento da empresa desde a sua origem. Já o terceiro passo – ter um ideal maior do que a própria vida – exige de cada pessoa, e de cada colaborador, uma reflexão sobre o sentido da sua vida. O processo de formação de lideranças, desenvolvido pela Natura, está atento a essa dimensão. Ao buscar selecionar indivíduos que veem na empresa a chance de realizar não somente um trabalho, mas um projeto de vida, a Natura cria a oportunidade para que seu colaborador reflita a respeito do sentido maior do seu trabalho. O Plano de Desenvolvimento Individual (PDI), elaborado a cada três anos pelos colaboradores, constitui o ponto de partida para o programa de formação de lideranças. A conjugação entre o PDI e o plano de desenvolvimento empresarial é uma oportunidade para o colaborador compreender o sentido da relação entre sua realização interior e a realidade exterior da sua atuação no mundo, gerenciando a falsa discrepância entre o trabalho puramente material e o seu significado como obra espiritual. Mas é no cotidiano, nas relações, com desafios, demandas, exigências e dilemas que essa construção se faz.

Do ponto de vista filosófico, parece claro que uma empresa renovada deve buscar muito mais do que os resultados econômico-financeiros, meta das empresas tradicionais. Esse algo mais, que chamamos de resultados empresariais, abrange as dimensões econômica, social e ambiental, sendo presidido pelo conceito de sustentabilidade. Nesse processo, portanto, os objetivos típicos de acionistas são extrapolados e abarca-se a geração e a distribuição de valor para os *stakeholders* da empresa. Em última análise, a realização dessas finalidades deve promover a felicidade humana, finalidade de toda ética. Para fundamentar uma ética no mundo dos negócios a qual compatibilize a geração de valor com a distribuição de valor é necessário integrar as diferentes teorias éticas em um modelo articulado. Tradicionalmente, as teorias éticas apontam critérios e valores diferentes para determinar que uma conduta é correta, o que gera uma falsa dicotomia. É a síntese entre essas teorias aparentemente contraditórias que permite à empresa fazer o seu negócio com ética, isto é, sem prejudicar os outros, sem se prejudicar e sem deixar que os outros a prejudiquem.

A ambição da Natura supera a falsa dicotomia entre resultados e valores a partir do momento em que a sustentabilidade é o princípio norteador da busca por resultados. Desde 2001, seus relatórios de sustentabilidade são elaborados com base nas diretrizes da Global Reporting Initiative (GRI), que estabelece suas metas e resultados alcançados com cada um dos *stakeholders* nas três perspectivas, econômica, social e ambiental, e de forma integrada. Para cada uma delas, existem metas a cumprir. Trata-se de um modelo de negócios baseado na promoção do crescimento econômico compatível com o desenvolvimento social e o uso responsável dos recursos ambientais. Na visão sistêmica que a Natura busca manter não há dicotomia entre a ética e a busca por resultados financeiros. Como na harmonia do Tao.

Fazendo a ponte com a experiência da Natura, uma expressão de síntese das três dimensões da GRI pode ser dada pela linha Natura Ekos. A concepção de produção e comercialização deve estar articulada ao sonho de uma sociedade planetária e de uma nova concepção de beleza – a beleza derivada do bem estar bem de seus consumidores, mas também a da floresta em pé, das comunidades, enfim aquela beleza que contempla a construção de um mundo melhor.

> *Quando em nossa fundação adotamos a Cosmética Terapêutica como slogan do que a Natura oferecia, baseamos esse princípio em um tripé: 1 – Princípios ativos vindos da biodiversidade brasileira (privilegiando a sabedoria tradicional conciliada com a ciência), procurando contribuir para a proteção dessa riqueza, bem como reconhecendo o valor do conhecimento das populações das comunidades tradicionais. 2 – Fórmulas climatizadas. 3 – Tratamentos personalizados.*

Enquanto o resultado econômico-financeiro se expressa apenas no faturamento e no lucro, os resultados empresariais se ampliam para o conjunto de relações estabelecidas com os *stakeholders*, muito antes do resultado operacional. Resultados econômicos implicam a responsabilidade com as pessoas, os grupos e as organizações que afetam e são afetados pela empresa. São eles: comunidade, empregados, acionistas, fornecedores, governo, concorrentes e clientes ou consumidores. O meio ambiente não pode ser considerado um grupo, pois não reúne pessoas. Entretanto, costuma ser incluído como um *stakeholder* em se tratando de órgãos de defesa do meio ambiente e grupos organizados da sociedade civil. As empresas administram relações com *stakeholders*, e não com a sociedade.[42] A operacionalização da responsabilidade de uma empresa deve prever, pois, as consequências da ação organizacional sobre os seus *stakeholders*.

Para a Natura, essa relação obedece à mesma qualidade, ao mesmo compromisso e ao mesmo respeito que caracterizam todas as suas relações. A extração de ativos vegetais para a fabricação de seus produtos não é uma mera operação comercial de compra e venda. Atenta ao uso sustentável dos ativos da biodiversidade, a Natura valoriza as tradicionais culturas regionais e locais, incentiva a produção com modelos agroflorestais que mantêm a floresta em pé e garante aos trabalhadores da comunidade cadeias de valor de preço justo.

Uma empresa que se pretende ética deve conjugar a ética do dever com a ética da responsabilidade e administrar, por meio do debate permanente e de um processo de decisão compartilhado, todas as tensões advindas da interação entre essas duas polaridades, em busca de uma síntese.[43] A busca por resultados empresariais implica, portanto, diferentemente da busca por resultados econômico-financeiros, a interação entre deontologia e teleologia em uma síntese orgânica e dinâmica, *yin* e *yang*. Essa articulação entre contrários exige um terceiro elemento de uma ética empresarial: lideranças maduras. As decisões de uma organização são decisões de pessoas. Indivíduos que ainda não desenvolveram a capacidade de síntese entre dimensões contraditórias, que não conseguem perceber o encadeamento inevitável entre todas as coisas e a absoluta responsabilidade sobre cada escolha e ação não são capazes de promover comportamentos e decisões de moralidade elevada.

Há quem considere impossível compatibilizar a gestão das três dimensões do triple bottom line. No entanto, alcançado o ponto em que nos encontramos como processo civilizatório, tais dimensões compõem um todo. Podemos (e devemos) respeitar a natureza e as pessoas e ser muito exigentes com relação aos resultados. Não há antagonismo nisso, mas sim complexidade.

A liderança ética é aquela que elege como valores o verdadeiro, o bom, o belo e o saudável. Conhecer a realidade e aceitá-la é condição fundamental para ser livre, isto é, saber o que se está fazendo da própria vida, o que se quer de cada conduta. A capacidade de aceitar a verdade, contra a qual não há argumentos, exige do líder a humildade de reformular seu pensamento toda vez que a realidade demonstrar que esse pensamento não a abarca satisfatoriamente. O bom é o atributo do valor ético, a vontade moral por excelência. O belo é o atributo estético, a expressão da harmonia que existe em tudo o que há. O saudável é o que promove o bem-estar do corpo, o bem-estar do psiquismo e o bem-estar do espírito.[44] O líder se faz testemunha dos valores que professa. Como diz um provérbio chinês: "Mostrar uma vez vale mais do que dizer 100 vezes."

Uma prova do comprometimento da Natura com a verdade foi dado em 1991, quando houve um acidente fatal na sua fábrica ainda não ocupada, em Itapecerica da Serra. Uma colaboradora de uma empresa terceirizada, responsável pela limpeza daquele espaço, morreu devido a um choque em um dos equipamentos. Os advogados sugeriram aos executivos da empresa "presentear" o perito. Eles acreditavam que essa conduta evitaria julgamentos, depoimentos e indenizações. A Natura se manteve fiel ao princípio de não pagar propina e gastar o que fosse necessário na defesa dos executivos acusados. O pensamento que norteou a conduta da empresa foi simples: vamos apoiar a família dessa colaboradora terceirizada, mas também nos defender das acusações. A ação judicial contra a Natura e três de seus colaboradores, os responsáveis diretos pela fábrica, durou quase cinco anos.. Pairou uma séria ameaça contra lideranças que não haviam cometido nenhuma negligência, na avaliação da empresa. O veredicto inocentou os réus e a Natura.

Uma das qualidades da liderança madura é a coragem de ser. Fiel que é à verdade, o líder maduro não teme o juízo que possam fazer dele: se for verdadeiro, a sua postura de aceitar a verdade lhe permitirá a paz interior. Se for falso, a mesma disposição de abraçar a verdade o tranquilizará, visto que se trata de uma avaliação equivocada que não encontra respaldo na realidade. De posse da premissa de que só a verdade liberta, o líder maduro tem a coragem de posicionar-se e fazer de seus valores atos cotidianos. Sua força não se origina do poder da autoridade, mas do hábito de fazer o que deve ser feito. Ter a tranquilidade de espírito para fazer o certo é atributo de líderes que se educam para fazer da virtude um hábito corriqueiro em seu trabalho e em sua vida. O treino da coragem se faz pelo exercício da virtude.

10. UM OLHAR DE JANO PARA O FUTURO

A Jano – guardião da semeadura e da colheita, representação do princípio e do fim – todas as portas eram consagradas, na mitologia e cultura romanas. Passar por uma porta é como começar uma nova jornada. Qual a porta que descortina o futuro da Natura? Quais serão os frutos que a empresa vai colher no futuro? Que novas sementes serão plantadas?

No Capítulo 3, a metáfora da face de Jano voltada para trás visitava o passado, possibilitando recontar a história e percorrer as experiências. Aqui, interessa o olhar para o futuro, símbolo da face com o olhar para a frente. Ao pensar o futuro da Natura com os depoimentos e intuições tão particulares de Luiz, a relação com o passado se faz presente de forma inevitável. Colhe-se o que se planta. Tal como Jano, cujos rostos não se separam, passado e futuro são dois lados de uma mesma moeda.

O futuro pode ser concebido como memória do passado a repetir-se ciclicamente no presente. Nessa perspectiva, a história é a mestra da vida, a ensinar como o futuro repete os arquétipos, o já acontecido. Quem não aprende com o seu passado está condenado a repeti-lo, diz a sabedoria popular. Mas o futuro pode também ser concebido como imaginação criadora, projeto inventado como um ideal que deve guiar os passos do presente, que é pavimentado pela consciência do passado. Nessa concepção, o ser humano é um projeto, aquele que se lança à frente, a fazer do sonho imaginado a seta que guiará os seus passos no tempo presente com o conhecimento e reconhecimento da história. É o futuro prospectado, nesse caso, que determina o presente. Impossível fugir a essa dialética: somos o que fomos e somos o que escolhemos ser. Afinal, no desenho projetado para o futuro estão as marcas da história e de todas as aprendizagens decorrentes da reflexão sobre o tempo vivido. Se para os gregos conhecer o mundo era conhecer as suas causas e princípios, enraizados no passado, nos tempos modernos conhecer é prever. Memória e previsão são as duas faces inseparáveis do futuro.

Se a *razão de ser* da Natura é promover o *bem estar bem*, a cosmética é apenas um instrumento para realizar esse fim. Vale lembrar que a paixão pela cosmética nasceu justamente da possibilidade de se valer dela como elemento de promoção do bem-estar da pessoa. Nessa perspectiva, a ambição da empresa poderia transcender a cosmética? Curiosamente, o propósito da maior empresa de cosméticos do Brasil pode ir além. A cosméstica pode ser um meio, um instrumento, para a realização de um fim maior: a felicidade de todo ser humano. A longo prazo, na visão do seu fundador, a empresa deve manter-se aberta às possibilidades que permitam a realização mais ampla possível da sua *razão de ser*.

> *O que idealizo é que possamos interpretar o* bem estar bem *não apenas como a razão de ser que visualiza através da cosmética sua única forma de expressão, mas sim como um mantra que está sempre evoluindo, se desdobrando em todas as relações. É dessa forma que em minha intuição nós evoluiremos para a expressão mais ampla da Natura no futuro.*

Ora, se a Natura tem por fim promover o *bem estar bem* do indivíduo consigo mesmo e no âmbito das suas diferentes relações, é natural ela estar aberta a todas as potenciais descobertas que promovam a felicidade das pessoas ou que possam ampliar suas consciências. Como vimos, a descoberta científica do poder da massagem no desenvolvimento das crianças foi a inspiração para a linha de produtos Mamãe & Bebê, que, inclusive, extrapolou a cosmética tradicional ao oferecer óleos vegetais dermatologicamente testados e todo um conjunto de informações sobre a importância do vínculo entre a mãe e a criança e sobre a *shantala*, método indiano milenar de massagem.

> *Quando consideramos a razão de ser da Natura, o que ela propõe como qualidade de relação do indivíduo consigo próprio e com a coletividade, incluindo o muito que está nascendo nos laboratórios, em pesquisas da neurociência e da psicologia, da arte do "bem viver", do "melhor estar", é possível antever uma grande ampliação da expressão de nossa razão de ser. Portanto, uma Natura ainda mais coerente com sua vocação fundamental. Não tenho como estabelecer seu contorno neste momento. Mas emocionalmente é essa Natura que visualizo e quero ajudar a construir.*

Isso significa que a Natura será mais do que uma empresa de cosméticos? De alguma forma, ela já é. Em 2007, a empresa entrou no setor de alimentos, por meio da linha de produtos denominada Frutífera, composta, na época, de sopas desidratadas, sucos, chás e barrinhas de cereais. Lançada experimentalmente, a linha era uma extensão da filosofia de *bem estar* da Natura. Os alimentos continham ingredientes orgânicos de comprovado benefício para a saúde, frutas e folhas como damasco, figo, carqueja, funcho, hortelã e tantas outras. Hoje, a Frutífera é uma linha de chás orgânicos, como o Goles de Leveza, feito a partir de chá verde, o Goles de Sossego, elaborados com ervas de propriedades calmantes, como a camomila e o capim-limão, e o Goles de Pureza, que mistura a carqueja, o funcho e a hortelã.

> *A cosmética fará sempre parte de nosso destino. Foi justamente a paixão que a cosmética nos despertou que nos fez perceber as relações*

fundamentais que o indivíduo tem e como elas podem ser valorizadas através de formulações cosméticas, perfumes, enfim produtos que são verdadeiros instrumentos do bem-estar. No futuro de mais longo prazo, penso que a Natura terá seu olhar voltado para descobertas que possam promover maior felicidade ao ser humano. E para fazer isso me parece inescapável recorrermos ao pensamento clássico, à filosofia, às questões milenares da conquista de si mesmo e da busca da felicidade.

Do ponto de vista da *razão de ser* da empresa, o seu futuro será pavimentado por possibilidades que promovam o *bem estar bem*. Mas no futuro mais imediato, o chamado é a internacionalização e a ampliação do universo que é o público atual da Natura. Um grande desafio é não apenas a internacionalização dos mercados, mas a da marca. Ser uma empresa conhecida e reconhecida no mundo.

Em pleno 2010, vivemos na Natura um período luminoso, que parecia muito distante de alcançar em 2007. Não apenas recuperamos o estusiasmo pleno como temos alcançado um brilho, um reconhecimento, igual ou superior aos maiores momentos de nosso passado. Como desafio temos de buscar reproduzir internacionalmente o fenômeno que aqui construímos.

Embora não possamos limitar nosso futuro a isso, é evidente que a internacionalização da empresa encerra um grande potencial. Nosso crescimento foi lento na expansão internacional. Mesmo crescendo na América Latina, apenas claudicávamos em comparação com nossa performance no Brasil. Mas já são nítidos os sinais de que nosso crescimento externo se acelera. Há muito o que fazer, mas os sinais são promissores.

O crescimento internacional feito de forma orgânica é sempre muito lento. Empresas brasileiras de diversos setores se deparam com questões dessa natureza nos últimos anos. No caso da Natura, a velocidade também é influenciada pela força e especificidade das suas crenças e valores.

> Não podemos esquecer que a expansão internacional da Natura implica assimilações, aculturação, respeito aos povos, à cultura de cada lugar. Para que isso ocorra, o nosso "jeito de ser" deve se impregnar dessas culturas, sem perder sua identidade. E como isso pode ocorrer se você não se "casa"?
> Há associações externas que podem nos permitir, de uma forma mais institucional e mais orgânica, absorver culturas. Nada como um bom relacionamento para aprender outras línguas.

Em uma economia globalizada, seria ingênuo desconsiderar, pelo menos em tese, as possibilidades de alianças estratégicas da Natura no futuro. Segundo pesquisas de um dos autores deste livro,[45] os presidentes de empresas consideram que em 68,4% das organizações o maior desafio das alianças estratégicas é a compatibilidade e a gestão das culturas. Partindo-se do princípio de que a cultura de uma empresa pode ser traduzida pelo seu *jeito de ser* e seu *jeito de fazer*, o processo de internacionalização tem três principais alternativas nessa dimensão. A empresa mantém o seu *jeito de ser* e o *seu jeito de fazer*. Quase sempre, as jovens multinacionais idealizam esse modelo, o qual na prática não se viabiliza em função das diferenças da cultura nacional, que impacta fortemente a cultura da organização. Outra possibilidade é admitir diferentes *jeitos de ser* e de *fazer* nos diversos países. Esse caminho não parece ser viável para uma empresa como a Natura. A terceira alternativa, de ter um *jeito de ser* e vários *jeitos de fazer*, pode ser a opção possível para uma empresa que tanto se diferencia pelos seus valores.

No ambiente empresarial, a Natura se diferencia por assumir, no discurso e na prática, um conjunto de valores que não se vê realizado na maior parte das empresas. Essa força tem seu "lado sol" e seu "lado sombra" para a realização de alianças estratégicas. Ao mesmo tempo em que qualquer empresa elegível para uma aliança precisaria assimilar os valores da Natura, é difícil encontrar uma que esteja aberta para passar, verdadeiramente, do seu *bottom line* único para o *triple bottom line* que a Natura incorporou. Ou esse cenário poderia ser um motor para que a empresa diferenciasse de verdade quais valores são fundamentais – e, portanto, não abrindo mão deles – e quais são periféricos e podem ser adaptados em função de uma construção maior?

> *Nosso jeito de ser é inspirado pelo bem estar bem. Mas o exercício dos negócios, sempre norteado pela ética, pode ser diferente em lugares diferentes, dependendo logicamente da cultura local. Viver parcerias localmente, independentemente de sua natureza, certamente vai acelerar nossa expansão.*

O futuro, no longo prazo, prospecta a realização do *bem estar bem* por meio da cosmética e, eventualmente, de outros meios que promovam a felicidade do ser humano – ainda que esse cenário não possa ser desenhado, mas apenas intuído. Possibilidades de alianças estratégicas no futuro não podem ser desmerecidas no contexto da economia internacional, em que as empresas podem se encontrar fragilizadas e precisando dos dons que a Natura tem a oferecer. No curto prazo, existe um processo de internacionalização em curso, cujos resultados começam a aparecer, principalmente na América Latina. As dificuldades do projeto Natura Mundi, em que o sonho se confundiu com a ilusão, promoveram aprendizagens, liga entre apoio e ambição. Uma delas, fundamental em todo esse processo, foi a necessidade de formar lideranças que permitam a expansão do negócio, seja com a expatriação de líderes, seja pelo diferente grau de maturidade empresarial requerida de uma "matriz".

> *Finalmente, agora temos um processo instalado para captar em todos os colaboradores o que eles pensam e sentem e, ao mesmo tempo,*

transmitir o que a Natura gostaria de encontrar no coração e no pensamento de cada um em sua relação com a empresa. É a primeira vez que vivemos um processo com essa dimensão. Com tal processo formaremos e desenvolveremos nossas novas lideranças. Esse é o alicerce da construção da Natura do futuro.

No âmbito da empresa, existe um esforço organizado e disciplinado de formação e desenvolvimento do negócio entrelaçado ao desenvolvimento de lideranças comprometidas com o *jeito Natura de ser* e atentas aos ajustes necessários no *jeito de fazer*. Essa disciplina fundamenta o futuro. Disciplina depende de maturidade. O desafio da empresa é a formação, o desenvolvimento e a contratação de lideranças maduras. Ao buscar líderes no mercado para atuar na empresa, o perfil desejado é aquele que conjuga os três pilares da sustentabilidade: resultados econômicos, justiça social e uso sustentável dos recursos naturais. Essa geração de profissionais – líderes "agridoces" – que partilham no seu coração os valores da empresa é rara no mercado.

O futuro da Natura, além de apontar para a sua internacionalização, indica também uma ampliação da sua base no Brasil. A ascensão das classes C, D e E na economia brasileira promete a expansão do mercado de consumo interno. A economia projeta o crescimento contínuo do produto interno bruto, com razoável controle da inflação e taxa de juros em patamares comportados para os padrões históricos do Brasil. O crescimento do número de Consultoras, que ultrapassa 1 milhão, associado a esse cenário econômico, autoriza o otimismo da empresa em relação à sua perspectiva de crescimento. Se em tempos passados a expansão internacional deslocou a atenção para o mercado externo, atualmente a Natura parece bem atenta para a necessidade de conciliar a expansão dentro e fora do país de forma simultânea.

Mas e o futuro do *Três* na Natura? A história da empresa está marcada por um triunvirato, com personalidades diferentes e complementares que mantiveram a unidade na diversidade. Antes do *Três*, a Natura era uma improbabilidade. Durante o *Três*, ela vem realizando a profecia de Sana Khan, ao ler as mãos de Luiz, como mostramos no Capítulo 2: "Vejo um trator que vai andar muito lentamente no início mas que vai gerar uma força que nada conseguirá deter. Alimentará legiões, tanto material quanto espiritualmente. Semear é seu destino."

> *Tanto material quanto espiritualmente a Natura vem beneficiando um número imenso de pessoas. O bem estar bem transforma vidas tanto do ponto de vista concreto, físico, quanto na dimensão espiritual, ampliando consciências, alegrando corações, mudando a forma de olhar a realidade que nos cerca.*

Mas, e depois do *Três*? Qual o outro lado da margem para onde a ponte em construção levará a Natura? Estamos falando de uma ponte em construção. Um passo importante foi a abertura de capital, em 2004. O *Três* passou a fazer parte do Conselho de Administração, e Alessandro Carlucci passou a ser o novo CEO. A partir de 2007, ciente da impossibilidade de reunir a diversidade do *Três* em um só presidente, Alessandro Carlucci reorganizou o comitê executivo e formou um time para administrar a empresa em uma gestão colegiada. Uma nova oferta de ações foi feita em 2009. Outras poderão acontecer no futuro, permitindo maior pulverização do capital? A Natura, aos poucos, tende a deixar de ser uma empresa de donos para ser uma empresa de sociedade anônima. Mas o seu grande desafio é fazer isso de modo que a sua cultura, os seus processos, os seus produtos, as suas relações estejam impregnados do "perfume" do *Três*.

> *Fomos a mercado e foi genial o resultado. Um passo muito importante. A democratização de nosso capital, mantido o controle, é totalmente coerente com nossa visão de empresa e de futuro. O follow on em 2009 seguiu esse movimento e representa um encaminhamento para a questão sucessória, com a correspondente desconcentração de*

capital na empresa. Nesse aspecto estamos evoluindo, embora os processos individuais ainda não estejam concluídos. O fundamental é que, do ponto de vista da governança, estamos muito satisfeitos com tudo o que conseguimos organizar para uma gestão moderna e eficiente da Natura.

Sob a liderança de Alessandro, a Natura tem o desafio de fazer um trabalho disciplinado de formação de lideranças que representem o legado do *Três*. Tal legado, como este livro procurou testemunhar, está na essência da empresa. A Natura se fez com o equilíbrio dinâmico do *Três*, cuja presença invisível é como um perfume que impregna o conceito dos produtos, a beleza da fábrica de Cajamar, o valor da sustentabilidade e o mantra do *bem estar bem*. Esse perfume se mescla com aqueles que a Natura desenvolve, formando o "cheiro do lugar" de uma empresa renovada.

As plantas que originam as fragrâncias são inspiração para os processos da empresa, a partir do trabalho de gestão colegiada do comitê executivo. A alma de Luiz, a visão de futuro de Guilherme e a capacidade de gestão de Pedro são fundamentais para que a ponte da transição chegue ao outro lado da margem. Não é tarefa fácil. Haverá sombras pelo caminho? Claro que sim. Onde há sol, há sombra.

> *A Natura vem sendo administrada com muita competência no cotidiano. Nossas formas de racionalizar, do Guilherme, do Pedro e minha, se conciliam, se complementam na administração atual. O grande desafio é assimilar e replicar o lado transgressor, poético e sonhador, corporificado em ações, conceitos e produtos, representado pela experiência de nós três.*

As crenças, ou os valores da empresa, como preferimos chamar, constituem um pilar forte da Natura, ora como inspiração para a superação de limites, ora como freio, pela luta disciplinada por consistência.

De um lado, os valores inspiram; de outro, freiam. E eles têm a marca do *Três*. Não por acaso, a descrição dos valores foi feita no capítulo da disciplina, associada ao fio de Ariadne. Elemento feminino, Ariadne representa a importância da dimensão *yin* no universo *yang* do mercado. A atividade industrial e comercial da empresa, quando ligada ao fio que possibilita a saída do labirinto, remete à questão da religação, *religare,* à espiritualidade. O desafio da Natura é continuar prosperando religada às crenças que o *Três* pretende que se eternizem em todos os processos da empresa.

Para manter o seu perfume, a Natura precisará de disciplina, confiança, apoio e ambição. Precisará continuar investindo no valor das relações, evitando a "ambição Ícaro" e fortalecendo a "ambição Dédalo", privilegiando o clima de confiança, incentivando o apoio, cultivando a disciplina e promovendo resultados empresariais – para além do necessário resultado econômico. Esse trabalho exige persistência e colaboração. *Co*-laborar é laborar junto. É trabalhar junto. É cooperação, atitude fundamental de pessoas que se percebem parte de uma mesma comunidade e se colocam a serviço do bem comum. A colaboração é a união de forças para mover as pedras do caminho, todos segurando a mesma alavanca. Não é por acaso que Luiz prefere o termo colaborador a trabalhador ou funcionário. Se a vida é relação, e se trabalhamos juntos, somos *co*-laboradores. É na busca da satisfação da necessidade de cada um que Luiz faz menção a Ananque, deusa grega da necessidade. Em uma perspectiva sistêmica, a colaboração é a liga que permite construir relacionamentos de confiança que realizem as finalidades propostas de cada trabalho ou atividade.

Buscando a inspiração para a inovação, a Natura pode e deve se valer da riqueza do *Três,* como *per fumum,* para invocar o divino, o planetário e o tangível. Produzir esse perfume, reinterpretá-lo e renová-lo sempre que necessário, com a competência de identificar o que deve ser permanente e o que deve ser modernizado ou mesmo transformado, e disseminá-lo entre as pessoas e os relacionamentos da empresa é o grande desafio dos novos líderes e gestores. Em uma empresa que produz tantos perfumes, a essência do *Três*, que transcende os três, é a fragrância mais rara, ao mesmo tempo diversa e una, síntese dialética de contradições e complementaridades. Que todos na Natura possam aprender a usar o perfume do *Três*, e não o perfume dos três, em suas mentes e seus corações.

A ÚLTIMA PÁGINA

The End. *Nos anos 1950, antes que as telas das TVs invadissem o mundo, toda a garotada sabia o que* The End *queria dizer. Um sonho chegava ao fim. Naquele tempo, o cinema e os livros eram a única fonte das histórias, dos sonhos que originavam outros sonhos. Sabíamos que todo Fim era outro começo...*

Esta última página conclui a história dos primeiros 41 anos da Natura. Parte muito importante de minha biografia, que, neste momento, olho como se fosse um filme. Ou um sonho. Como fundo musical, ouço a mesma abertura da Traviata, que tanto me emocionava quando garoto.

Aqueles mesmos sentimentos de alegria e tristeza, euforia e agonia, que Verdi magistralmente sabia evocar e que expressam na verdade o que é viver e amar a vida. Doce, amargo. Luzes, sombras. Sabores e paisagens do tempo, matéria-prima de nossa existência.

Toda "última página" tem o simbolismo da despedida. Se me pedissem para sintetizar nestas últimas linhas, também simbolicamente, o sonho da Natura, o porquê do bem estar bem, *da ênfase na valorização dos relacionamentos que caracterizou toda a sua história*, acho que eu recorreria novamente à mitologia grega e sua visão sobre a origem de Eros, o Amor. Os pais de Eros – Penia, a Pobreza, e Poros, a Saída – podem bem representar tudo o que somos enquanto não encontramos um sentido, uma razão para viver a nossa vida, a nossa profissão, o nosso estar no mundo. O Amor, Eros, representou miticamente a Saída para resolver a Pobreza, o vazio, o sem sentido. Perceber a vida como um encadeamento de relações, que pulsam do indivíduo para o seu meio e a ele retornam. Acreditar que somos todos, indivíduos, empresas, nações, um projeto da própria vida em busca de aperfeiçoamento, que acontece e se amplia à medida que nos descobrimos a serviço de algo maior do que nós próprios.

Essa tem sido a forma de a Natura expressar o compromisso que tem com os seus públicos, com a sociedade, o mundo, o planeta, em nome do amor e do respeito que tem pela vida e por tudo que ela habita. Isso foi, é e será tudo o que a Natura sonhou. Sonha. E o "novo começo" do sonho é a ampliação, na escala que suas forças vivas permitirem, do exercício desse ideal, da vivência dessas vocações.

Esta última página é como um The End. Um outro começo. Apenas um convite para você, leitora, para você leitor, vir a ser, sonhar, alcançar tudo aquilo que pulsa no seu interior como potencial. Que lembremos, você, eu e todos os que constroem a Natura, que hoje inauguramos o primeiro dia do resto de nossas vidas. Vidas ávidas de novos sonhos.

NOTAS

¹ GHOSHAL, S.; TANURE, B. *Estratégia e gestão empresarial:* construindo empresas brasileiras de sucesso. Rio de Janeiro: Elsevier, 2004. 271p.

² GHOSHAL, S.; TANURE, B. *Estratégia e gestão empresarial:* construindo empresas brasileiras de sucesso. Rio de Janeiro: Elsevier, 2004. 271p.

³ SABINO, F. *O encontro marcado.* 38ª ed. Rio de Janeiro: Record, 1982. p.145: "De tudo ficaram três coisas: a certeza de que ele estava sempre começando, a certeza de que era preciso continuar e a certeza de que seria interrompido antes de terminar. Fazer da interrupção um caminho novo. Fazer da queda um passo de dança, do medo uma escada, do sonho, uma ponte, da procura, um encontro."

⁴ CHEVALIER, J.; GHEERBRANT, A. *Dicionário de símbolos:* mitos, sonhos, costumes, gestos, formas, cores, números. 2ª ed. Rio de Janeiro: José Olympio, 1989. p.730.

⁵ CHEVALIER, J.; GHEERBRANT, A. *Dicionário de símbolos:* mitos, sonhos costumes, gestos, formas, cores, números. 2ª ed. Rio de Janeiro: José Olympio, 1989. p.729.

⁶ GHOSHAL, S.; TANURE, B. *Estratégia e gestão empresarial:* construindo empresas brasileiras de sucesso. Rio de Janeiro: Elsevier, 2004. 271p.

⁷ *Yin* e *yang* são conceitos originários da filosofia chinesa e representam energias opostas em contínua interação. São geralmente representados no símbolo do Tao,

um círculo dividido ao meio por uma linha ondulada em que uma metade é preta (*yin*) e a outra é branca (*yang*). A metade branca tem um círculo pequeno da cor preta, e a metade preta tem um círculo pequeno da cor branca. *Yin* e *yang* representam as duas energias que regem o mundo. São energias opostas que se complementam: o feminino e o masculino, o escuro e o claro, o frio e o quente, a água e o fogo, o negativo e o positivo, a terra e o céu, a guerra e a paz, a noite e o dia, o caos e a ordem, o interior e o exterior. Uma não existe sem a outra.

[8] HOBBES, T. *Leviatã ou Matéria, forma e poder de um Estado eclesiástico e civil*. 2ª ed. São Paulo: Abril Cultural, 1979. 419p. (Os Pensadores)

[9] Ao falar de Consultoras e Consultores, optamos por utilizar sempre o gênero feminino. Entendemos que evitar a referência aos dois sexos no texto é importante para tornar a leitura mais fluida.

[10] LAO-TZU. *Tao te King*: o livro do sentido e da vida./ Lao-Tzu; texto e comentário de Richard Wilhem. São Paulo: Pensamento, 2006. p.81;

CIRLOT, J.E. *Dicionário de símbolos*. São Paulo: Centauro, 2005. p.562.

[11] O Chateau de Montaigne fica em Saint-Michel-de-Montaigne, França, código postal número 24230. Mais informações podem ser obtidas em http://www.chateau-montaigne.com/

[12] BRASIL, M.A.S.; FREITAS, M.T. *Vida e simbolização = Life and symbolization*. Belo Horizonte: Fundação Souza Brasil, 2009. (Uma Luz no Caminho, 6.)

[13] A apresentação das marcas da Natura contou com a colaboração das pessoas que trabalham no Memória Viva e que disponibilizaram documentos e *cases* para o levantamento da história da empresa e da marca: MEMÓRIA VIVA NATURA. *Identidade da marca Natura*. Cajamar, s.d.; MEMÓRIA VIVA NATURA. *Crenças e valores Natura*. Cajamar, s.d.

[14] O Plano Cruzado foi um conjunto de medidas econômicas, lançado pelo governo brasileiro em 28 de fevereiro de 1986, com base no decreto-lei n. 2.283, de 27 de fevereiro de 1986, sendo José Sarney o presidente da República e Dilson Furano o ministro da Fazenda. Entre suas medidas principais, ele estabeleceu o congelamento de preços de bens e serviços nos níveis do dia 27 de fevereiro de 1986.

[15] "Novo símbolo unifica Natura". *O Estado de S.Paulo*, São Paulo, 16 set. 1990.

[16] Frase de Guilherme Leal, em entrevista concedida ao Memória Viva.

[17] Os dados que se seguem no parágrafo foram baseados em: CARNEIRO, T.C.J. "A Natura e a internet". *Revista de Administração Contemporânea,* Curitiba, v.7, n.4, p. 211-227, out./dez. 2003.

[18] TANURE, B. "O que diferencia líderes, gestores e dirigentes?" *Valor Econômico,* São Paulo, 17 set. 2010. Disponível em: <http://www.valoronline.com.br/impresso/eu-carreira/108/310108/o-que-diferencia-lideres-gestores-e-dirigentes>. Acesso em: 17 dez. 2010.

[19] TANURE, B.; DUARTE, R.G. (Orgs.). *Gestão internacional.* São Paulo: Saraiva, 2006.

[20] BRASIL, M.A.S.; FREITAS, M.T. *Vida e simbolização = Life and symbolization.* Belo Horizonte: Fundação Souza Brasil, 2009. (Uma Luz no Caminho, 6.)

[21] Este capítulo baseou-se em entrevistas e fontes bibliográficas, estas indicadas a seguir:

VASSALO, C. "O futuro da fábrica." *Exame,* São Paulo, v. 35, n. 4, p.36-54, 21 fev. 2001.

DOURADO, G.M. "Fábrica de sonhos". *Finestra Brasil:* Revista trimestral latino-americana de fachadas, domótica, tecnologias de esquadrias, portas, vidros e estruturas leves, s.l., v. 6, n. 24, p.78-87, s.d.

"Muito além da estética: relações humanas e sociais definem a concepção do Novo Espaço Natura, instalação industrial diferenciada pela beleza dos edifícios". *Arquitetura e Urbanismo,* São Paulo, v. 16, n. 95, p.72-79, maio 2001.

"Nasce o novo Espaço Natura: infraestrutura pensada e projetada para criar sinergia, transparência e preservar o meio ambiente". *Revista Infra:* 1ª Revista de Tecnologia, Produtos e Serviços para Gerenciamento Patrimonial, São Paulo, v. 3, n. 18, p.10-20, jun. 2001.

"22 mil m^2 de vidro compõem fábrica da Natura: desafio era para que o espaço se integrasse ao ambiente em que está inserido". *Tecnologia e Vidro,* Taubaté, n. 10, p.6-8, jun-jul. 2001."Diferencial estético". *Construção,* São Paulo, v. 53, n. 2739, p.16-19, 7 ago. 2000.

"Aço concreto e vidro moldam conjunto arrojado para indústria com foco humano: empreendimento tem porte semelhante a um campus". *Projeto Design,* s.l., n. 253, p.52-57, mar. 2001.

LIMA, P. "Perfume do sucesso". *Trip*, São Paulo, v. 20, n. 154, p.40-50, abr. 2007.

NATURA Cosméticos S.A. (Coord.) *Espaço Natura*: a engenharia do sucesso. São Paulo, Natura, 2004.

ARNT, R.; MARTINELLI, P. *Aqui sonhamos um mundo melhor*. Cajamar, SP: Natura, 2007; TEICH, Daniel Hessel. "Por que eles são diferentes". *Época Negócios*, Rio de Janeiro, n. 34, p.108-115, dez. 2009.

[22] Em 2000, uma empresa americana de geotecnia que já havia realizado trabalhos na área de recuperação de solo foi contratada, porém não teve sucesso. O procedimento adotado piorou a situação do solo. Ainda em 2000, e após essa tentativa sem sucesso, uma equipe da Natura propôs um procedimento inédito na área, que teve absoluto sucesso, "*uma vitória da engenharia brasileira, que criou* expertise *diante de um problema inédito na história internacional do setor*"; NATURA Cosméticos S.A. (Coord.) *Espaço Natura*: a engenharia do sucesso. São Paulo, Natura, 2004 (p.19).

[23] CABRAL, R. (dir.). *Logos* – enciclopédia luso-brasileira de filosofia. Lisboa: Verbo, 1991, v.3.

[24] BUZZI, A.R. *Introdução ao pensar*: o ser, o conhecer, a linguagem. 13ª ed. Petrópolis: Vozes, 1984. 175p.

[25] GHOSHAL, S.; TANURE, B. *Estratégia e gestão empresarial*: construindo empresas brasileiras de sucesso. Rio de Janeiro: Elsevier, 2004. 271p.

[26] GHOSHAL, S.; TANURE, B. *Estratégia e gestão empresarial*: construindo empresas brasileiras de sucesso. Rio de Janeiro: Elsevier, 2004. 271p.

[27] LA TAILLE, Y. *Limites*: três dimensões educacionais. 2ª ed. São Paulo: Ática, 1999. 151p. (Palavra de Professor).

[28] O trecho em aspas simples foi transcrito da entrevista de Luiz Seabra, concedida à revista *Trip*: LIMA, P. "Perfume do sucesso". *Trip*, São Paulo, v. 20, n. 154, p.50, abr. 2007.

[29] O que a Natura chama de crenças representa, na verdade, seus valores fundamentais, uma vez que se trata de conceitos praticados e estabelecidos na empresa e em suas relações.

[30] TANURE, B. *Gestão à brasileira*: uma comparação entre América Latina, Estados Unidos, Europa e Ásia. 2ª ed. São Paulo: Atlas, 2007.

[31] Culinária agridoce é um termo presente na obra de GHOSHAL, S; TANURE, B. *Estratégia e gestão empresarial:* construindo empresas brasileiras de sucesso. Rio de Janeiro: Elsevier, 2004. 271p.

[32] TANURE, B. "O que diferencia líderes, gestores e dirigentes?" *Valor Econômico*, São Paulo, 17 set. 2010. Disponível em: <http://www.valoronline.com.br/impresso/-eucarreira/108/310108/o-que-diferencia-lideres-gestores-e-dirigentes>. Acesso em: 17 dez. 2010.

[33] GHOSHAL, S.; TANURE, B. *Estratégia e gestão empresarial:* construindo empresas brasileiras de sucesso. Rio de Janeiro: Elsevier, 2004. 271p.

[34] A fábula está descrita em livro de um dos autores: PATRUS-PENA, R. *Ética e felicidade*. 7ª ed. Belo Horizonte: Fead, 2000.

[35] TANURE, B. *Gestão à brasileira:* uma comparação entre América Latina, Estados Unidos, Europa e Ásia. 2ª ed. São Paulo: Atlas, 2007.

[36] HOBBES, T. *Leviatã ou Matéria, forma e poder de um Estado eclesiástico e civil.* 2ª ed. São Paulo: Abril Cultural, 1979. 419p. (Os Pensadores)

[37] PATRUS-PENA, R. *Ética e felicidade*. 7ª ed. Belo Horizonte: Fead, 2000.

[38] ALMEIDA, F. *O bom negócio da sustentabilidade*. Rio de Janeiro: Nova Fronteira, 2002.

[39] ARISTÓTELES. *Ética a Nicômaco:* texto integral. São Paulo: Martin Claret, 2003.

[40] TANURE, B.; CARVALHO NETO, A.; ANDRADE, J. *Executivos:* sucesso e (in)felicidade. Rio de Janeiro: Elsevier-Campus, 2007. A citação de Chamford está em GRATELOUP, L.L. *Dicionário filosófico de citações*. São Paulo: Martins Fontes, 2004.

[41] TANURE, B.; CARVALHO NETO, A., ANDRADE , J. *Executivos:* sucesso e (in)felicidade. Rio de Janeiro: Campus/Elsevier, 2007.

[42] CLARKSON, M.B.E. "A stakeholder framework for analyzing and evaluating corporate social performance". *Academy of Management Review*, Mississippi State, v.20, n.1, p. 92-117, jan. 1995.

[43] PATRUS-PENA, R.; CASTRO, P. P. *Ética nos negócios*: condições, desafios e riscos. São Paulo: Atlas, 2010.

[44] BRASIL, M.A.S. **Vida e mística = Life and Mysticism.** Belo Horizonte: Fundação Souza Brasil. 2011. 120p. (Uma Luz no Caminho, 7.)

[45] TANURE, B.; EVANS, P.; PUCIK, V. *A gestão de pessoas no Brasil:* virtudes e pecados capitais – estudos de casos. Rio de Janeiro: Elsevier, 2007. 210p.

nosso trabalho para atendê-lo(la) melhor e aos outros leitores.
Por favor, preencha o formulário abaixo e envie pelos correios ou acesse
www.elsevier.com.br/cartaoresposta. Agradecemos sua colaboração.

Seu nome: _____

Sexo: ☐ Feminino ☐ Masculino   CPF: _____

Endereço: _____

E-mail: _____

Curso ou Profissão: _____

Ano/Período em que estuda: _____

Livro adquirido e autor: _____

Como conheceu o livro?

☐ Mala direta   ☐ E-mail da Campus/Elsevier
☐ Recomendação de amigo   ☐ Anúncio (onde?) _____
☐ Recomendação de professor
☐ Site (qual?) _____   ☐ Resenha em jornal, revista ou blog
☐ Evento (qual?) _____   ☐ Outros (quais?) _____

Onde costuma comprar livros?

☐ Internet. Quais sites? _____
☐ Livrarias   ☐ Feiras e eventos   ☐ Mala direta

☐ Quero receber informações e ofertas especiais sobre livros da Campus/Elsevier e Parceiros.

Siga-nos no twitter @CampusElsevier

Cartão Resposta
050120048-7/2003-DR/RJ
Elsevier Editora Ltda
CORREIOS

ELSEVIER

SAC | 0800 026 53 40
ELSEVIER | sac@elsevier.com.br

CARTÃO RESPOSTA
Não é necessário selar

O SELO SERÁ PAGO POR
Elsevier Editora Ltda

20299-999 - Rio de Janeiro - RJ

Qual(is) o(s) conteúdo(s) de seu interesse?

Concursos
- [ ] Administração Pública e Orçamento
- [ ] Arquivologia
- [ ] Atualidades
- [ ] Ciências Exatas
- [ ] Contabilidade
- [ ] Direito e Legislação
- [ ] Economia
- [ ] Educação Física
- [ ] Engenharia
- [ ] Física
- [ ] Gestão de Pessoas
- [ ] Informática
- [ ] Língua Portuguesa
- [ ] Línguas Estrangeiras
- [ ] Saúde
- [ ] Sistema Financeiro e Bancário
- [ ] Técnicas de Estudo e Motivação
- [ ] Todas as Áreas
- [ ] Outros (quais?) _____

Educação & Referência
- [ ] Comportamento
- [ ] Desenvolvimento Sustentável
- [ ] Dicionários e Enciclopédias
- [ ] Divulgação Científica
- [ ] Educação Familiar
- [ ] Finanças Pessoais
- [ ] Idiomas
- [ ] Interesse Geral
- [ ] Motivação
- [ ] Qualidade de Vida
- [ ] Sociedade e Política

Jurídicos
- [ ] Direito e Processo do Trabalho/Previdenciário
- [ ] Direito Processual Civil
- [ ] Direito e Processo Penal
- [ ] Direito Administrativo
- [ ] Direito Constitucional
- [ ] Direito Civil
- [ ] Direito Empresarial
- [ ] Direito Econômico e Concorrencial
- [ ] Direito do Consumidor
- [ ] Linguagem Jurídica/Argumentação/Monografia
- [ ] Direito Ambiental
- [ ] Filosofia e Teoria do Direito/Ética
- [ ] Direito Internacional
- [ ] História e Introdução ao Direito
- [ ] Sociologia Jurídica
- [ ] Todas as Áreas

Media Technology
- [ ] Animação e Computação Gráfica
- [ ] Áudio
- [ ] Filme e Vídeo
- [ ] Fotografia
- [ ] Jogos
- [ ] Multimídia e Web

Negócios
- [ ] Administração/Gestão Empresarial
- [ ] Biografias
- [ ] Carreira e Liderança Empresariais
- [ ] E-business
- [ ] Estratégia
- [ ] Light Business
- [ ] Marketing/Vendas
- [ ] RH/Gestão de Pessoas
- [ ] Tecnologia

Universitários
- [ ] Administração
- [ ] Ciências Políticas
- [ ] Computação
- [ ] Comunicação
- [ ] Economia
- [ ] Engenharia
- [ ] Estatística
- [ ] Finanças
- [ ] Física
- [ ] História
- [ ] Psicologia
- [ ] Relações Internacionais
- [ ] Turismo

Áreas da Saúde
- [ ]

Outras áreas (quais?): _____

Tem algum comentário sobre este livro que deseja compartilhar conosco? _____

Atenção: